一人さんは、どんな人でも味方します。
もし、世間のみんながあなたを否定することがあったとしても、
私だけは絶対にあなたにダメだなんて言わないよ。

だってあなたはそのままで完璧《かんぺき》だし、
あなたという存在は愛そのものだからね。
本当は、みんな愛にあふれている。

いま、愛が枯れているように感じる人がいるかもしれません。
でもそれは、あなたの心が「ねばならない」「こうあるべき」という、
世間の常識や観念でがんじがらめになっているせいだよ。
その肩に、あれやこれや背負いこみすぎているんだ。

それがわかるから、一人さんは、

本当の自分を生きたいっていう人からの質問や相談には
全力の愛でお答えするし、
私が知っていることだったらなんでも教えるよ。

この本も、そんな気持ちでみなさんからの質問にお答えしました。
いまの斎藤一人だからこそ出せる、過去最高、史上最高の回答です。

少しでも、役立ててもらえたらうれしいです。

【お知らせ】
この本では「神様」という言葉が繰り返し使われていますが、神様とは、この世をつくっている大いなるエネルギーのことで、特定の宗教とは関係ありません。

はじめに

柴村恵美子

こんにちは！　感謝してます。柴村恵美子です。

２０２１年１月に、私は師匠の斎藤一人さんとの共著『斎藤一人　人は考え方が９割！』（ＰＨＰ研究所刊）という本を出させていただきました。

２０１６年の夏から３年半にわたって行われた、「生成発展塾(※)」の内容を紙上で再現し、みんなで一人さん脳（成功脳）になろうという試みでまとめた本です。

おかげさまでその本が大大大好評をいただき（ありがとうございます！）、今回、その第２弾を出せることになったのです。

「生成発展塾　ワクワク特別授業」

そんな位置づけで、本書でも、一人さんの考え方を惜《お》しみなくご紹介しますね！

一人さん脳に近づくには、

自分で考える

ことが欠かせません。

それを確実に実行するために、本書ではまず「一人さんへの質問」を読み、

「私だったらどう対処するかな？」

「一番いい解決法はなんだろう？」

と考えてみてください。

あなたなりの答えなら、なんでもＯＫ。
ただ、ひとつだけルールがあります。

明るく、楽しくなるような答えを出す

決まりごとは、たったそれだけです。

あなた自身が答えを出したら、その後で「一人さんの回答」を読んでみてください。
常識破りの回答に、笑ったり泣いたり、魂が揺さぶられたり、いろんな衝撃を受けると思いますが、このステップを踏むことこそが最強の「脳トレ（脳の筋トレ）」。
あなたのなかにある知恵のダムが、深く大きく広がりますよ！

知恵のダムが拡大すればするほど、一人さん脳は加速します。

そうすれば、悩みの芽なんて片っ端からじゃんじゃん摘《つ》み取れちゃうし、あなた自身が光り出して、いまこの世界を明るく照らせるようになる。

一人さんみたいに圧倒的な運を味方につけ、無敵の人生になるんです。

それでは、準備はいいですか?

「生成発展塾　ワクワク特別授業」のはじまりです!

(※) 斎藤一人さんが総塾長の、インターネットを利用した通信制の塾。塾生から寄せられたお悩みのなかから毎週1回お題が出され、それぞれの回答を出す。
ほかの塾生や塾長(一人さんの直弟子)、そして一人さんの回答を見ることによって学びを深め、魂を向上・発展させる。

斎藤一人
成功は愛が9割！

もくじ

斎藤一人×柴村恵美子　スペシャル師弟対談

第1章

貧乏考えじゃなく自分褒《ほ》めだよ

第2章 人間関係を最高に楽しくする極意

第3章 人生を激変させる考え方って？

第4章 本当の豊かさはこうやって引き寄せる！

装　丁　根本佐知子（梔図案室）
編集協力　古田尚子

斎藤一人×柴村恵美子
スペシャル師弟対談

~アフターコロナ・ウィズコロナの世界を楽に生きるコツ~

柴村恵美子（以下、恵美子）　２０２０年を境に、世界は新型コロナウイルスによって、よくも悪くも一変しましたね。

そんな急激な変化のなか、不安を抱える人たちから、一人さんにたくさんの相談が殺到《さっとう》しました。

斎藤一人（以下、一人）　誰もこんなことが起きるなんて思いもよらなかったから、不安になるのはしょうがないよね。だから一人さんも、一生懸命《いっしょうけんめい》、いまの私が持つ知恵のすべてを出して、みんなの質問にお答えしてきました。

でもね、すでにワクチンの接種が始まっているように、いよいよコロナ禍《か》は終息《しゅうそく》に向かっている。**だからもう、コロナのことで悩むのはおしまいにしな。**

そろそろ気持ちを切り替えて、次にやってくる

「アフターコロナ（コロナ後の世界）」

「ウィズコロナ（コロナとともに生きる世界）」

と呼ばれる世界を、自分らしく生き、ますます魂を成長させるときがきたんだ。

そんな区切りの意味を込めつつ、これからも続くであろうコロナとのつき合い方についていて、みなさんからのご質問にお答えしますね。

振り切っちゃえば自然と落ち着くよ

恵美子　まずは、こんなご質問です。

「コロナ禍では、離れて住む両親になかなか会えず、なにかあったらどうしようと心配でなりません。心配ばかりしてもしょうがないとわかっているのに、心配がやめられないのです。どうすれば、もっと安心できるでしょうか?」

一人　心配をやめようとするから、ますます不安になって心配がやめられなくなるんだよね。「心配はダメだ」「心配はよくない」っていうその波動（周波数）が、もっと心配になるような現実をもたらしちゃうんです。

この世界では、あらゆる生物やモノ、現象から波動というのが出ていて、同じ波動のものが引き合うという大原則があるからね。

それとあなたの場合、心配することが安心感につながっている部分もあるんじゃないかな？

であれば、心配を禁じてしまうことで、あなたは安心できなくなっちゃうんだ。

こういう人は、いくら周りから「心配しないでいいよ」と言われても心配しちゃうものだから、**無理に心配症を直そうとしなくていいと思いますよ。**


恵美子　考えてみたら、心配性の人って、いろんなことによく気がつくんですよね。

心配だから「ちゃんと準備しておこう」「しっかり対策をしよう」と思える。

それって、長所じゃないかしら？

一人　恵美子さんの言う通りだよ。ということで、結論。
あなたは、そのまま心配していて大丈夫です。もっともっと、思いきり心配していい（笑）。**心配して心配して、心配し尽《つ》くすんだね**（笑）。

そうすると面白いんだけど、かえって心配しなくなるの。

こういうのって振り子と同じで、振り切っちゃえば自然と元に戻ろうとする作用が働くから、なぜか落ち着くものだよ。

恵美子　中途半端に心配するくらいなら、心配を極めちゃいましょう！（笑）

一人　それともうひとつ、アドバイスがあって。

あなたは、ほかの人に比べて1000倍は心配症なの（笑）。ということを、自覚しておくといいと思いますよ。

最初から「ほかの人は、私の1000分の1しか心配していない」と思っていれば、いくら心配になっても「自分が思うほど深刻な状況ではない」ということが頭でわかるでしょ？　心配しつつも、安心できるよね。

試してみてください。

別れはほんのいっときのこと

恵美子　コロナで身内を亡くされたかたからのご相談です。

「家族をコロナで失ったのですが、危篤《きとく》になっても病院へ行くことがゆるされず、とうとう死に目にもあえませんでした。

それればかりか葬儀《そうぎ》もできず、突然、お骨《こつ》になって帰ってきたのです。

こんな形では、亡くなったことすら受け入れられず、とてもつらいです」


一人　はじめに、大事なことをお伝えしますね。

人間が持つ最大の不安というのは、死ぬことなんです。自分の死をはじめ、家族や友人といった大切な人の死を一番怖《おそ》れているの。

しかも、その怖《こわ》いことは誰にでも訪れる。

命あるものは必ず死を迎えるし、どうやったって死から逃れることはできません。

いままで大切な人の死を経験したことのない人でも、いずれその恐怖と向き合わなきゃいけない日がくるんだよね。

そのことをわかったうえで、日ごろから「死ってなんだろう?」ということを学んでおくといいと思います。学ぶ前に大切な人を亡くしたんだとしたら、いまからでもいいから、死について学んでごらん。

自分が一番怖がっている死を学ぶと、それ以外のことに対しても「死ぬよりはマシだな」って思えたりするから、いろんな意味で気持ちが楽になるんです。

その前提で言いますね。

いいかい、死ぬってこういうことなの。

みんなはどう考えているかわからないけど、一人さんは、

「死ぬ=あの世で生まれる」

と思っているんです。

人間は、死によって肉体は滅びるけれど、魂は永遠に生き続ける。

恵美子　この世で死んだらあの世に帰り、また別の肉体をまとってこの世に生きて、死んだら再びあの世に戻る……というのを繰り返しているんですね。

一人　そう、何千回、何万回と生まれ変わる。

あなたの魂は、この世とあの世を行ったりきたりしながら永遠に生き続けるし、もちろんあなたの大切な人の魂も同じです。

しかも、**家族や親しい友人といった縁のある人は「ソウルメイト」と言って、魂の仲間としてずっと一緒に生きる相手なんだよね。だからこの世で死に別れても、すぐにまたあの世で再会できるの。**

別れって、実はほんのいっときのことなんだ。

恵美子　最期を看取《みと》ってあげられないと、確かに心残りですよね。大切な人の死を、なかなか受け入れられないでしょう。

でもそれは今世《こんせ》だけのことで、あなたが天国へ帰ったときにはまた会える。

心残りなんて、必要ないんですね。

一人　その人の魂は生き続けているし、天国であなたを待っていてくれるからね。いずれまた会える。

死んだら終わり、ではないんだ。

ということは、無理に死んだと思おうとしなくたっていいよね。実際、魂は生きているわけだし。

そんなふうに思いつつ、いまの悲しい気持ち、悔《くや》しい気持ちを少しずつ自分のなかで消化できたらいいんじゃないかな。

恵美子　それに、**亡くなった人は、あなたがいつまでもクヨクヨすることは望んでいません。あなたの幸せを願っているし、いつも明るく笑顔でいて欲しいと思っているんですよね。**

あなたは自分らしく、楽しく生きなきゃいけない。

うんと幸せになってください。

なんだって工夫次第なんだ

恵美子　コロナ禍では、できるだけ人と人との触れ合いを減らすことが重要ですから、自由に人と会うこともできなくなりました。

そこで、一人さんのもとにもこんな相談が寄せられました。

「私の幸せは、週に何度か、いきつけの居酒屋さんで友達とホッピーを飲むことです。それが自分の使命だと思って楽しんできたのに、コロナ禍で楽しみを奪われてしまいました。心の穴を埋める、よい方法はあるでしょうか？」

私、これ池ちゃん（一人さんがドライブをするときに車を運転してくれる、弟子の池浦秀一さん）からの質問かと思いました（笑）。

一人　ホントだね（笑）。まるかん（一人さんやお弟子さんたちの会社）では、「ホッピーと言えば池ちゃん」というくらい、池ちゃんはホッピー好きだからね（笑）。

まずお伝えしたいのは、これは素晴らしい使命なんです。だから、これからも世の中のためにどんどん使命を果たしてください。

ただ残念ながら、コロナのリスクが高いうちは、友達と一緒に居酒屋さんでわいわい楽しむのは難しいかもしれません。居酒屋さんは開いていても、黙って飲まなきゃいけないとかね。なかなか前と同じようにはできないんです。

これは仕方がないことですから、うまく折り合いをつけるしかない。

そのうちに、みんながコロナとうまくつき合っていけるようになれば、また友達と居酒屋さんで心おきなくおしゃべりできる日もくるはずです。**あと少しの辛抱《しんぼう》だよ。**

それはそうと、池ちゃんはコロナ禍の間、どこでホッピーを飲んでいたのかな？

恵美子　池ちゃんに聞いてみたら、こう言っていました。
「コロナ禍では家でホッピーを飲んでいますが、コロナのおかげでZoom《ズーム》（※）みたいな便利な手段も広く活用されるようになったので、それを使ったオンライン飲み会を楽しんでいる仲間もいます。画面越しで一緒に飲んだってつまらないと思うかもしれないけれど、やってみると案外、楽しいお酒になりますよ」

（※）映像や音声を使い、離れた場所にいる相手とテレビ会議ができるツール

一人　こういうアドバイスも参考にしながら、家で楽しく飲む工夫をしてみてください。一人さんなんて、コロナによる自粛《じしゅく》中にドライブや旅に出られないときでも、家にいながら空想で日本じゅうを旅していたよ。

心はいつだって自由。どこへでも行けるし、いくらでも楽しめるの。
お酒も同じだと思います。どこで飲んだって、楽しく過ごすことはできるよね。

この世は大いなる実験場だからね

恵美子　あるかたは、政府に対して苦《にが》い気持ちを抱えていらっしゃるそうです。
「コロナ禍では、多くの企業が経営危機に陥《おちい》っています。

ところが政府の補償《ほしょう》は少なく、まるで〝倒産しても生活保護を受けたらいいじゃないか〟と言われているように感じ、見捨てられた気持ちになりました。

こんなふうに、政府に不満を感じるのはおかしいでしょうか？」

一人　あなたがなにをどう受け止めても自由だし、どう考えてもいいんだけど。

一人さんだったら、こう考えるよ。

自分が支払った税金額に見合う補償がもらえたら、じゅうぶんだなって。

いくら国でも、無尽蔵にお金があるわけじゃないんです。

出せるお金には限りがある。そのなかから少しでも補償してくれるのなら、それだけでありがたいよね。

昔なんて、戦争があろうと災害があろうと、政府からの補償なんて1銭もありませんでした。いまでこそ日本は、なにかあればすぐに自衛隊が駆けつけてくれるし、被害を受けた人には政府や行政が支援してくれる。

だけどかつては日本だって、「苦しいでしょうが、なんとか自力でがんばってください」っていう時代があったんです。

それを知らないから、非常時に少しでも補償がもらえることに感謝できないの。

それとね、ほかの国を見てごらん。

日本では生活保護のようなシステムが整っているけど、そういうシステム自体がない国もいっぱいあるの。

私は、これほど恵まれた国はないって、本当にありがたいと思うよ。

恵美子　そして、そう思っている一人さんは納税日本一の幸せ長者ですし、誰よりもたくさん税金を支払っている。それも気持ちよく、「俺の税金で少しでも国がよくなるんだったら」って払うんですよね。

景気のいいときも悪いときも、ずっと成功し続けてきたという実績もあります。

心も豊か、経済的にも豊か。


一人さんの考え方がいかに豊かであるか、ばっちりわかりますね。

一人　もちろん、一人さんの考え方に共感できなくてもいいんだよ。

私のような考え方になりたい人は参考にしてくれたらいいし、自分には合わないと思うんだったら、違うお師匠さんを見つけたらいいだけの話だからね。

ただ、**この世は、みんな自分の好きなように考えていい場所なの。どんな考えも正しいよ。**

ただ、この地球は「大いなる実験場」なんです。

どんな現実がもたらされるかで、答えがわかる世界なんだよね。

あなたはあなたで、自分の思った通りに生きてみたらいい。

そしてその結果、どんな現実になったかで、自分の考え方が正解だったか間違っていたかがわかりますよ。

楽しい方へ行く。ひたすらその連続だよ

恵美子　コロナ禍を経《へ》て、世界はすでに新しい時代に入ったと感じます。
そのことについて、こんなご質問です。

「時代が変わったとハッキリ感じながらも、これから、具体的にどう生きていけばいいのかよくわかりません。
時代の波にうまく乗れるような、心がまえやヒントがあれば教えてください」

一人　ビシッと答えられなくて申し訳ないんだけどね、残念ながら、こういうことって誰もわからないんです。
世界で一番成功している人ですら、来年はどうしたらいいだろうかって考えているくらいだからね。

恵美子　というと……ひょっとして、一人さんも来年のことを考えているんですか⁉

一人　俺は変な人だから、そんなのは考えていない（笑）。
一人さんは、ひたすら毎日、楽しい方へ楽しい方へ行くだけ。その繰り返しです。
だって、楽しい方へ行けば間違いなく成功すると思っているし、実際、いままでもそういう生き方で成功し続けてきたからね。

これからもそれを信じて、いままでと同じように生きるだけです。

という意味では、時代に関係なく、いつだって「楽しむ心」を持っているのが、時代の波に乗って成功する秘訣《ひけつ》になるのかもしれないね。

問題が起きれば起きるほど燃えるのが一人さん

恵美子 コロナ関連では、これが最後の質問となります。

「コロナ禍で思い出したのは、〝どんな困難でも、それが自分に起きたということは、乗り越える力が自分にある〟という言葉でした。

自分で答えが導き出せない問題は、本当に起きないのでしょうか？」

コロナ問題に限らず、今後の人生でも肝《きも》になりそうなご質問ですね。

一人さん、回答をお願いいたします。

一人　それではお答えします。

少なくとも、一人さんは「自分に起きる問題は、どんな問題でも解決する」と思っています。

だから、すごい問題が起きれば起きるほど、実は燃えちゃうの（笑）。

「俺はこんな難しい問題を解決できる人間なのか！」

って、自分の実力に感心しちゃうんだよね（笑）。

自分の可能性にワクワクする。

で、**自分の力ではどうやっても解決できそうにない問題が起きたとしても、少しも困らないんです。**なぜなら、そういうときは神様の助けがあるから。

神様の助けとはなんですかって、「時間」なの。

自力で解決できないことは、必ず時間が解決してくれるんだよね。

恵美子　言われてみれば確かに、自分の力と神様の力（時間）を味方にすれば、解決できない問題はありませんね！

一人　そうだよ。ウソだと思う人は、過去に悩んでいたことを思い出してごらん。10年前、彼氏に振られて死ぬほど落ち込んでたあなた。

いまもまだ泣き暮らしているかい？　そんなわけないよね（笑）。

とっくに別のいい人がいて、「あの人とはさっさと別れてよかった」くらい思っているんじゃないかい？（笑）

この通り、世界は本当にうまくつくられている。

あなたに起きることは、自分で解決できることと、放っておけば時間が勝手に解決してくれることとの2つしかないんだ。

一人さんはね、こういういろんな解決方法を知っているから悩みが少ないんです。少ないというより、悩んだことがないの。

人生ってね、絶対なんとかなるようになっているんです。

なにが起きても大丈夫。

だから安心して、自分らしく楽しい道へ進んでください。

第1章

貧乏考えじゃなく 自分褒《ほ》めだよ

自分の欠点を褒《ほ》めるのは遊びの一環なんだ

一人さんへの質問

自分の人生に不満があるわけでもないのに、どこか充実感に欠け、生きている喜びが感じられません。それはなぜでしょうか？

どうすれば、もっと喜びに満ちた毎日にできますか？

一人さんの回答

まずは自分を認め、受け入れ、褒《ほ》めてあげること。

いいところも欠点も、全部ひっくるめて自分を褒めてあげるといいね。


それができるようになったら、今度は周りの人にも「自分を褒めな」って教えてあげてください。

そうすると、あなたの暗いのが直るだけじゃなく、周りの人まで明るくなっちゃうからね。

あなたが自分を認めて受け入れ、肯定《こうてい》することから、みんなの人生が変わるよ。

一人さんは、よく「遊びが足りない」という言い方をします。

これは文字通り、好きなこと、楽しいことをして遊びなっていう意味なんだけど、実はそれだけじゃない。

自分の欠点を褒めることも、遊びの一環なの。

欠点を深刻に考える暇《ひま》があったら、じゃんじゃんバリバリ褒めな。

逆立ちしても褒めるところが見つかりませんっていう欠点でも、どうにかして褒めポイントをひねり出す遊びなんだよね（笑）。

すぐ悩む人って、一つひとつの問題に対して真剣になりすぎなの。

ちょっとした欠点を必要以上に悪者扱いして、自分を否定しまくるからつらくなるんです。

もっと気楽に生きなきゃ、喜びなんて感じられないよ。

やればきっと変わる。

楽しい遊びだと思って、自分のダメなところを徹底的に褒めてください。

貧乏考えは心も財布もすかんぴんになるよ

一人さんへの質問　人の嫌がることをしないように注意しているにもかかわらず、うっかり人に嫌な思いをさせてしまい、相手から嫌われることがあります。

なぜ、注意していてもうまくできないのでしょうか？

一人さんの回答　人間というのは、そんなものです。

誰だって、うっかり人に嫌な思いをさせちゃうことはある。気をつけていたって、失敗することがあるのが人間なの。

完璧《かんぺき》にうまくできる人なんていないよ。

あなただけじゃない。みんな同じだから心配しなくていいんです。


日本人は真面目《まじめ》だから、すぐ自分に完璧を求めるんだよね。

どうして自分はうまくできないんだって、責めてばかりなの。

言っちゃ悪いけど、あなたが完璧な人間じゃないのは、小学校の成績からしてわかるよね（笑）。

こういうことは、「まぁいいか」って気楽に考えたらいいんです。


そもそも、悪気のないうっかりミスなら、謝れば相手だってゆるしてくれると思うけどな。よほどのことじゃなければ、あなたを嫌うこともないと思います。

それより、自分の言動を気にしすぎるあなたの心の方が問題なの。

あなたが「また失敗した」「自分はダメな人間だ」って自分を責めると、あなたの波動はどんどん下がっていくから、次もまた落ち込むようなことが起きるよ。

自分を否定したり卑下《ひげ》したり、泣きごとを言ったり……そういうのって、貧乏考えなんです。

で、貧乏考えの人からは、貧乏波動が出まくる（笑）。

だからなにをしても貧乏な現実が引き寄せられて、心も財布もすかんぴんの貧乏になっちゃうんだよ。怖《こわ》いね（笑）。

しかも、怖《おそ》ろしいのはそれだけじゃない。

あなたのその低い波動は周りの人にも影響して、そこらじゅうに不幸をまき散らすことになるんです。あなた1人が暗い気持ちになるだけで、大勢の人に迷惑がかかる。

そう思って、明るく笑ってな。

明るい波動でいれば、あなたも周りもみんな幸せになりますよ。

情熱なんてあってもなくても成功できるからね

一人さんへの質問　私にはあまり情熱がありません。いままで、熱い気持ちになったことがないのです。

そんな私でも、なにかに情熱を注《そそ》げる日はやってくるでしょうか？

情熱が持てるようになるための、よい方法があれば教えてください。

一人さんの回答　あなたはそういう個性なんです。だからそのままでいいと思うよ。
情熱的な人は情熱的に生きたらいいし、情熱のない人は、情熱のないように生きたらいい。情熱がないからって、成功できないわけじゃないんだよ。

情熱なんて、あってもなくてもいいの。どちらでも成功できるんだから。

情熱のない人は、ものごとを俯瞰《ふかん》できるとか、大事な場面で冷静に判断できるとか、いいところがいっぱいあるんだよね。

少なくとも一人さんは、情熱のないあなたを高く評価します。


自分にないものばかり見て、自分を攻撃しないことだよ。

あなたという人間は、すでに完璧な存在なんです。

誰かと同じようにしなくても豊かになれるし、成功できるようになっているの。

人と比べたりしないで、自分にはどんな道が正しいんだろうって、自分の生き方を探してごらん。

それこそ、冷静なあなたならうまく探せるんじゃないかな？

そのときに一人さんの成功法則が参考になるんだとしたら、いくらでも真似《まね》してくれていいし、やってみて「これは自分には合わないな」と思うものがあれば、自分に合うやり方に変えてもらってもいい。

いろんな人の話を聞いて参考にしながら、そのなかから自分に合うものを探して実《じっ》践《せん》してみな。

必ず、あなたなりの成功法則が見えてくると思いますよ。

氷は火のように生きられないんです

一人さんへの質問 自分の弱みや欠点をさらけ出すことに、強い抵抗があります。

本当は弱い人間なのに、強いフリをしてしまうことで生きづらさを感じています。

どうすれば、もっと自分を解放させてあげられますか?

自分は弱みをさらけ出さない、辛抱《しんぼう》強い人間なんだって思ってあげることだよ。**なにも問題なんてない。そのままのあなたでいいの。**

一人さんの回答

問題があるとしたら、それはただひとつ。

その性格を、あなた自身が悪いことだと思い込んでいるところです。

氷は、どうしたって火のようには生きられません。

だけど氷は氷で、世の中の役に立っている。なきゃ困るものなんです。

もちろん、火には火の役割があるし、なくなると困るよね。

海は、次から次へと波が押し寄せてきます。その波の形は全部違って、高い波や低い波、大きい波や小さい波、いろんな波がある。同じ波は二度と見られません。

人間も、それと同じなの。

顔や体格、声、体質、骨の形、毛の生え方、考え方……なにもかも違います。指紋ひとつとっても、誰ひとりとして同じ人はいない。

体の組織から心から、思考回路まで全部違うんだよね。持って生まれた気質《きしつ》も、得意なことも、不得意なことも、みんな違う。

そういう意味では、人間って個性的どころか、個性の塊《かたまり》なの。わかるかい？

それぞれが得意なことを活《い》かして生きるのが一番だし、それができるように世界は作られている。

神様が、そういう仕組みを作ってくれているんです。

斎藤一人はこの世に1人しかいないし、私にしかできない生き方がある。

あなたという人間も、この世に1人しかいなくて、あなたにしか務まらない大事な役割があるんです。

強い人は、強く生きることでうまくいくし、弱い人は、弱いままでうんと幸せになれる道がある。

それぞれにとって、最高の人生が花開くから心配ないんだ。

相手を否定する必要はないんだ

一人さんへの質問　友人と飲食店へ行き、お互いに好きなものを注文するのですが、友人は急に心変わりをすることがあり、「自分の気持ちを大事にしたいから」と、ほとんど食べずに料理を残します。

友人は、「嫌になったものを無理に食べるのは、自分にも相手にも失礼だから」と平気な顔をしていますが、私はお店の人に申し訳なく思います。

いくら自分を大事にしたいからといって、こういうのは失礼になりませんか？

一人さんの回答　人それぞれ、なにをどう考えようと自由だからね。**あなたも友人も、自分の好きなようにしたらいいんです。**

あなたが嫌な気持ちになるんだったら、あなただけはそういうことをしなければいいい。「私は人の気持ちがわかる、優しい人間だなぁ」って自分を褒めてあげたらいい。

ただ、そのときに**友人を否定する必要はないの。**

一緒にいることであなたの気分が悪くなるのなら、無理に会わなきゃいいし、会ったとしても、いちいちお説教じみたことを言わなくていいんだよね。

というかその友人は、料理を残すとどうなるかを、自分で学んでいるところなんです。学んで魂を向上させようとしているわけだから、それを邪魔《じゃま》しちゃいけないよ。

友人のことは、愛を持って放っておきな。


そもそも、人のことってコントロールできないんです。

みんなも経験があると思うけど、誰かに「ああしろ」「こうしろ」って強要されたら、すごく嫌な気持ちになるでしょ？

強要された時点で、「絶対言うことを聞いてやるもんか」と反発したくなるのが人間の心理なの。

小さいときから親や先生にコントロールされてきた人は、それが当たり前になっていて、人をコントロールしようとする気持ちが抜けないんだよね。だけど、**人をコントロールしようとしても、相手は絶対にあなたの思い通りになりません。**

結局自分が苦しくなるだけだから、そんなのはやめた方がいい。

不快なことは、自分がしなければいいだけです。

無理に相手を正そうとしなくても、相手は自然にそのことで学び、魂を向上させるから大丈夫だよ。

あなた、ちょっとうぬぼれてないかい？（笑）

一人さんへの質問　頭では「どんな自分でも認め、受け入れよう」と思っているのですが、私は完璧主義な気質なのか、ツメの甘い自分にどうしても嫌気が差してしまいます。

この完璧主義な自分を消す方法はありますか？　あるいは、完璧主義な自分とうまくつき合っていける方法があれば教えてください。

一人さんの回答

完璧主義をやめなと言われても、やめられないから悩んでいるんだよね？

だとしたら、「自分は完璧主義で素晴らしい」って思いながら生きるしか道はないわけです。**やめられないのなら、受け入れるしかないよ。**

じゃないと、一生自分を否定しながら生きていかなきゃいけないことになる。

そんなのつらいし、貧乏考えをこじらせちゃうと、本当に貧乏になっちゃうよ（笑）。

それとね、世間では、自分の問題点を挙げて「私はダメなんです」って言う人が謙虚と思われがちなんだけど、一人さん的にはちょっと違うんです。

こんな言い方をすると誤解を招くかもしれないけれど、愛のムチだと思って、あえて言いますね。

あなた、ちょっとうぬぼれてないかい？（笑）

完璧主義でどうのこうのって、そもそもあなたは本当に完璧主義なのかな。ということを一人さんは聞いてみたい（笑）。

だって、あなたがいまそうやって困っているのは、完璧じゃないからでしょ？

本物の完璧主義なら、その悩みすら完璧に解決できるはずだよ。

言っちゃ悪いけど、あなたは「自分は完璧主義で困っているんです」ということを言いたいだけじゃないのかいって（笑）。

そう思うと、自分でもズッコケだよね。

あなたのその悩みは、単なる勘違《かんちが》いです。勘違いの完璧主義（笑）。

もっと気楽に生きていいんだよ。

魂が悟《さと》ってちょうどいいところへ落ち着くよ

一人さんへの質問　すぐカッとなる性格を直したいです。なにかいい方法はあるでしょうか？

一人さんの回答　これも同じこと。怒りっぽい性格も、そう簡単に直るものじゃないんです。それを無理に直そう直そうとする気持ちが、あなたを苦しめるんだ。

あのね、そんなにギューギュー自分をしめつけちゃうと、直るものも直らないよ。

一番簡単で手っ取り早いのは、肩の力を抜いて、気楽な気持ちで「直らないなぁ、でもまぁいいか。そのうち直るよね」って思うこと。

そうすると不思議なもので、自然と直ってくるよ。

これもある意味、波動の作用です。

「まぁいいか、まぁいいか」

そうやって自分をゆるしていると、気楽な波動が自分を変えてくれるんです。

あとね、そもそもカッとなってばかりだと、あなたの周りには、同じようにすぐカッとなる嫌なやつばかり集まってくる（笑）。

いい人がどんどんいなくなっちゃって、ものすごくつらくなる。寂しくなるんです。

そのときに気づくの。自分のことがよくわかるようになる。

だから、いま無理に直そうとしなくていいんです。

そのうちに魂がちゃんと悟って、ちょうどいいところへ落ち着くからね。

というか、すでにあなたは「カッとなる性格を直したい」と気づいているわけだから、もう変化は始まっているんだと思いますよ。

すぐ拗《す》ねちゃう自分は最高にカワイイ！

一人さんへの質問　すぐ拗《す》ねてしまう自分が嫌です。どうしたら拗ねない自分になれますか？

一人さんの回答　拗ねてしまう自分が嫌だって言いますが、本当に嫌だったら拗ねないよね（笑）。つまり本心では、すぐ拗ねる性格がそれほど嫌じゃないということだと思います。

あなたは心のどこかで、すぐ拗ねる自分を可愛《かわい》いと思っていたり、悪くないと思っていたりするんじゃないかな？

もうそれを認めて、「すぐ拗ねちゃう自分は最高にカワイイ！」って受け止めた方がいいと思いますよ（笑）。

首がこったときやなんかは、こってる方にちょっと首を傾けてストレッチすると楽になるんだよね。コリが取れて軽くなる。

人の気持ちもそれと似ていて、**自分が否定していることを一度肯定してみるといいんです。問題があるからってそこを避けたり否定したりするのではなく、あえてそちらに心を傾け、肯定してみる。**

これまで否定してきたことを、認めて受け入れる。

そうするとね、最初は違和感があるかもしれないけど、だんだん考え方が変わってくるよ。

1年くらい経《た》ったら、自分という人間がガラッと変わっちゃったのがわかるから。

でね、「私は、拗ねる自分がどうしても可愛いと思えません」という人は、さらに「拗ねる自分を可愛いと思えないこのガンコさも、まぁ悪くないな」って認めてあげたらいいよ。

それすらできない人は、「なんでもかんでも否定したがる自分だけど、いまはそれでもいいや」って肯定してあげな。

こうやって、出てくる否定の感情を、その都度「まぁいいか、まぁいいか」ってゆるしてあげるの。

そのうちに、必ずどこかで本当に自分をゆるせるときがくるからね。

焦《あせ》らず挑戦してみてください。

神様に好かれてご褒美《ほうび》をいっぱいもらいたいな

一人さんへの質問 周りの人のいいところに目を向けたいのに、気がつけば「気が利《き》かない人だな」「服装がダサいな」「面白くない人だな」などと、人のアラばかり見てしまいます。

この性格を直すには、まずなにから始めたらいいでしょうか？

一人さんの回答　反対の立場になって考えてごらん。

あなたが誰かに「気が利かない」「ダサい」「面白くない」って言われたら、どう思うだろう？　間違いなく、不快な気持ちになるよね。怒ると思います。

だったら、あなたも周りの人にそんなこと言うのはやめな。

心のなかで思うだけでも、そういう気持ちって必ず言動の端々《はしばし》に出るから、相手には伝わるものだよ。

自分と同じように、相手にも心があるの。

それと、**人はみんな神様から分《わ》け御霊《みたま》をもらって生まれてきたんだよね。**

神様の分け御霊を持っているあなたは神様だし、相手も神様なんです。

人が嫌がることをするって、自分の神様も、相手の神様もバカにしているのと同じだよ。神様へのいじめなの。

結局、あなたが神様に嫌われて損をするだけなんだ。

自分のことも、人のことも褒めてあげな。

人間っていうのは、弱い生き物なの。褒め合って支え合わなきゃ、生きていけないんだよ。

人のアラなんて、簡単に探せるんです。だけどそれをしたって誰も喜ばないよね。

そんなことよりも、自分の欠点を直すことに挑戦しな。

人のアラを1000個探すより、自分の欠点を1つ直すことの方が難しいけれど、それに挑戦すると、あなたの周りにいる人がみんな喜ぶよ。

あなたのなかにいる神様も、周りにいる人のなかの神様もみんな喜ぶ。だから神様からいっぱいご褒美《ほうび》がもらえて、人生が違ってきちゃうんだ。

自分褒めはナルシストでもうぬぼれでもない

一人さんへの質問　人生を変えたいと思い、自分のエネルギー（波動）が上がるような生き方をしているつもりです。にもかかわらず、思うような人生が手に入らないのはなぜでしょうか？

一人さんの回答　エネルギーを変えようと思ったら、まず自分を褒めなきゃダメだよ。自分を否定しながらエネルギーは上がらないからね。

思うような人生にしたかったら、自分の欠点を「これはいい個性だな」って認めてあげること。それができなきゃ、いつまでたっても人生は変わりません。

まずは自分から。

で、自分を褒められるようになれば、たちまちエネルギーって変わっちゃうんです。

驚くほど簡単にエネルギーが上がるから、やってみな。


みんな、自分のことを褒めちゃいけないと思い込んでいるんだよね。

自分を褒めるのはナルシストだとか、うぬぼれだとか言って褒めないでいる。

日本では、遠慮深いのがいいとか、自分を卑下して相手を立てるのがいいとされてきたせいだと思うんだけど。

でも一人さんに言わせると、自分褒めって、

「これだけは絶対に身につけておきな」

っていう、人生のサバイバル術みたいなものなんです。すごく大事なことなの。

あなたは、昔ながらの「自分を褒めるのはおかしい」という考え方に従ってきた。

それで幸せになれたかい？

もしそうじゃないんだとしたら、昔から言われているその考え方は間違っているんだよね。少なくとも、あなたにとっては正解じゃないってことです。

この世の中は、実際に起きていることが正解なの。人が言うことより、実際に自分が幸せになったかどうかが正しい。

いくら「これが正解だ」と言う人の数が多くても、あなたが幸せにならないものは間違いなんだ。だいたい、多数決で幸せになれるわけじゃないしね。

あなたが幸せになれることは、あなた自身が実験すればすぐにわかることだよ。

実験の結果、間違っていると思うことはやめた方がいいし、**幸せにならないことはしちゃダメなんだ。**

恐竜とトカゲはどちらが強い？

一人さんへの質問　自分のことなのに、なにを望んでいるのか本音《ほんね》がわかりません。
どうしたら自分の本音に向き合えますか？

一人さんの回答　自分の本音が見えないのも、自分否定が原因なんです。

そのままの自分で問題ないのに自分否定していると、本来の自分からどんどん離れていって、本音が見えなくなっちゃうんだよね。

本音が知りたかったら、自分否定をやめること。自分を褒めてあげな。

自分には褒めるところがない、否定したくなることばかりですって言う人は、一人さんを見習ってください。

私は小学校のときから、まともに宿題をしたことがないんです（笑）。

だけど、その意志の強さに惚《ほ》れ惚《ぼ》れしているの。

「頑《がん》として宿題しない俺は、なんて意志が強いんだ」

そうやって、一人さんはいつでも自分を褒めていたよ（笑）。

宿題をしないと、ふつうは親や先生に叱《しか》られます。だから、「宿題しない自分はダメな人間だ」とかって自分責めを始めちゃうんだよね。

悪いけど、親や先生の言うことがすべて正しいと思ったら大間違いだよ（笑）。

その常識は本当に正しいんだろうかって、検証する目を持たなきゃダメなの。

一人さんは、トカゲは太古からいたと思っているんです。恐竜がいた時代に、すでにトカゲもいたはずだって。

で、ふつうの人はトカゲより恐竜の方が強いように思うかもしれないけど、私はそうは思わないの。

トカゲはいまも生き延びているけど、恐竜は絶滅しちゃったんだよ。それでも、恐竜はトカゲより強いだろうかって。

こういう、常識を疑う目っていうのも必要なんだよね。

もちろん常識のなかには正しいことだってたくさんあるけど、常識の真逆《まぎゃく》を行く方が正解ということも、世の中にはあるんだ。

それから、**人生は自分のものです。大事な人生なんだから、人の意見じゃなく、自分の思った通りに生きな。**

一人さんなんて、彼女が40人いるんだよね（笑）。

そのことを、誰かに「彼女は1人いればじゅうぶんじゃないですか」と言われたって、聞くつもりはないんです。これだけは、絶対に譲《ゆず》れない（笑）。

30人じゃダメなんですかって、それもダメです（笑）。

一人さんは彼女が40人欲しいんだから、私の好きなようにさせてくれよって（笑）。

これは私の人生だし、私の問題なんだから、他人にとやかく言われたくない。一人さんは、自分の本音に従って生きたいんです。

幸せって、そういうことだよね。

世界は「統合の時代」に入ったんです

柴村恵美子

一人さんからの新しいメッセージに、
「これからは統合の時代だよ」
という言葉があります。

神様から分け御霊をもらって生まれてきた私たちは、もともと神様と同じ存在。だから、少しでも神様の考え方に近づこうよ。本来の考え方に戻ろうよ、っていうのが統合です。

いま、世界は大きな流れと小さな流れの両方に変化があります。

大きな流れというのは、戦争や災害、気候変動、そして新型コロナウイルスといった、個人の力ではどうしようもない大きな出来事によって、地球全体が学ばなければならない問題のこと。

小さな流れとは、病気や人間関係、お金のことといった、自分の力でなんとかしなきゃいけない修行のことです。


でもね、どちらにも共通していることがあるんです。

それはなにかと言うと、

自分が「あちらの世界」にいるときに決めてきた

ということ。


いま、この時代に生きている私たちの誰もが、

「こういう時代に、私はこういう人生を生きることで魂を磨く」

と決めてきているんですね。

目の前で起きているさまざまな出来事は、どれも自分の魂を成長させるために起きているだけだし、全部、あちらの世界にいるときに自分で決めてきた。

そのことを思い出しなって一人さんは言います。


あなたの周りに、嫌な人がいるかもしれませんね。

だけどそれは、あの世にいるときにあなた自身が「嫌な役回りだけど、今世《こんせ》、引き受けてくれませんか?」って頼んできたの。「その嫌なことを、私は魂を磨く修行とします」ってあなたが頼み込むから、相手は引き受けてくれている。

あなたの周りにいる人は、みんな名役者なだけ。

だから腹を立てるどころか、「嫌な役を演じてくれてありがとう」の気持ちを持ってもいいくらいなんです。


嫌なことをされたとき、ただ腹を立てたり泣いたりするだけで、「あの人のせいでうまくいかない」「なぜ私ばかりこんな目に……」と思うのは分離(対立)の考え方。

分離の考えになると、あらゆる出来事を、周りや環境のせいにしてしまいます。

だけどこれでは、嫌な気分になって終わりだし、その嫌な波動がもっと嫌なことを引き寄せるだけです。

そうじゃなく、

「私だけはこういうことをしないようにしよう」

「嫌なことをされると、こんな気持ちになるんだな」

「嫌なことをされて悩んでいる人がいたら、寄り添ってあげよう」

って自分の学びを深めるチャンスと思えたら、それは「統合」に変わる。


統合の考え方ができるようになると、嫌な相手に対する気持ちって、全然違ってきますね。

嫌なことを受け止める、自分の心も違ってくる。

このことをわかっている人は、ちょっとしたことで落ち込んだり悩んだりしなくなるから、人生がまるで変わってきちゃうんです。


病気だって同じです。

たいていの人は、病気を悪者として捉《とら》えるのですが、それだと分離の考えですから、嘆《なげ》けば嘆くほど状況は悪化します。

だけど、病気をしたときに、

「元気でいることのありがたみがわかったよ。病気さんありがとう」

そう思えたら統合ですから、魂はドカンと成長します。


起きる出来事のすべてに、一つひとつ感謝しながら生きる。

これを何十年も前から徹底的に心がけているのが、一人さんです。

そんな一人さんの周りには嫌な人なんて1人もいないし、どんな重い病気にかかっても、必ず奇跡の回復を遂《と》げてきた。

統合の考えが、いかに人生を左右するかわかりますね。

第2章

人間関係を最高に楽しくする極意

あなたを好きだと言ってくれる人が必ずいるよ

一人さんへの質問

私から見ると嫌な人なのに、ほかの人には嫌われていない人がいます。

こういう場合、私の方に問題があるのでしょうか?

一人さんの回答

それは相性《あいしょう》が悪いだけだよね。

ほかの人がどう思っているかは関係ないし、あなたに問題があるわけでもない。みんなには好かれているけど、自分とは合わない人っているんです。

あなたにとって嫌な人だとしたら、あなたはつき合わなければいい。

ほかの人には嫌われていないからって、気の合わない人に無理して合わせようとか考えちゃダメなの。そんなことをしても、ますます相手が苦手《にがて》になるだけだよ。**お互いのためにも、嫌な相手からは離れなきゃいけないんです。**

人の考え方は、それぞれ違って当たり前なんだよね。

生成発展塾では、1つのお題に対して、2000〜3000人の塾生さんたちがそれぞれ自分なりの回答を出しました。

これが本当に面白いんだけど、同じ回答はひとつもなくて。

それくらい、人の考え方って十人十色《じゅうにんといろ》なの。人の数だけ考え方もある。

だから、なかにはあなたを嫌う人もいると思います。でもね、この世界の全員があなたを嫌いなわけじゃない。

あなたを好きだと言ってくれる人も大勢いるし、あなたと一番ウマが合うと言ってくれる人も必ずいるんです。

あなたを嫌う人にとらわれないで、好きになってくれる人を見つけたらいいよ。あ

なたは、自分と気の合ういい人とだけつき合えばいいんだ。

探してみたら、案外、近くにいるかもしれないしね。

でね、そうこうするうち、なにかの拍子《ひょうし》に「あの人は苦手だと思っていたけど、話してみるといいところもあるな」なんて思うことがあるかもしれない。

そのときは、苦手だった相手と、少し距離を縮めてつき合えばいいだけです。一度離れたからって、もう二度とつき合っちゃいけないわけじゃないからね。

いますぐ縁を切る切らないの極論にするから苦しくなる

一人さんへの質問

悪気なく知人にケガをさせてしまいました。誠心誠意謝りましたが、人格を否定するようなことを言われ、ショックでつらいです。それでも、もとはと言えばこちらが悪いので、なにを言われても受け入れるしかないのでしょうか？

また、最終的にはゆるしてもらえたとしても、知人に傷つけられた心は癒《い》えず、もうこの相手とはつき合いたくありません。これは私のわがままでしょうか？

一人さんの回答

もちろん、もうその相手とつき合いたくないと思うのは、あなたのわがままなんかではありません。

たぶん、自業自得《じごうじとく》なのにこちらから嫌いになるのは筋が違うとか、こんなことで縁を切るのは大人げないとか、そういう気持ちなんだよね。でもいっぽうで、もう忘れたいのに、その相手が目の前に現れると傷つけられた記憶が蘇《よみがえ》ってつらい。

気持ちの板挟《いたばさ》みなんです。

だったら、**まずはしばらく会わないようにしたらどうだろう。**

誠心誠意謝ったのなら、それ以上はもうどうしようもないんです。

それでもなお相手が人格否定してくるのは、相手の怒りがおさまらないんだよね。

相手には相手の気持ちがあって、怒り続けるのもゆるすのも相手の自由だから、あなたがどうにかできることじゃないんです。

ただ、そういう状態で顔を合わせても、相手はまたあなたに文句を言いたくなるかもしれません。そうすれば、お互いにもっと不快な思いをすることになる。

気まずい思いをするくらいなら、しばらく会わない方がいいんじゃないかな。

いますぐ縁を切るとか切らないとか、そういう極論にするから苦しいのであって、ひとまず何日か会わずにいてごらん。それでもまだモヤモヤして心が落ち着かないようなら、会わない時間をもう少し増やせばいいんです。

とにかく、あまり深刻にならないで「大丈夫、大丈夫」って気楽に考えな。

ちょっと事情は違うけど、以前、こういう相談があって。

「お姑《しゅうとめ》さんとあまり気が合わないうえ、向こうの家に行くとあれこれ家事を頼まれて疲れます。できればお姑さんに会いたくないのですが、私だけ行かないわけにもいかず……。これも嫁の務めと思い我慢していますが、本当につらいです」

あのね、お嫁さんがこれだけお姑さんを嫌っているということは、たぶん、お姑さんもお嫁さんのことが嫌いだと思います（笑）。

会いたくないのはこちらだけというのは自分の思い込みで、実はお姑さんだってあなたに来て欲しくないと思っているかもわかんない（笑）。

苦手な相手に無理して会っても、嫌悪感が増すだけだよ。

我慢なんてしなくていいんだ。

その結果、自然の流れで縁を切ることになっても、それはそれで仕方がない。

で、時間が経《た》ってお互いのしこりが解け、穏《おだ》やかな気持ちで会えるようになれば、またつき合ったっていいんだよね。

どっちでもいい。どうでもいい。どうせうまくいくから。

LINEで友達削除する勇気を出すには？

一人さんへの質問　縁を切りたい友人とLINEでつながっています。LINE上でも友達をやめたいのですが、そうすると相手に友達をやめたことがわかるため気が引けます。

こういう場合は、どうしたらいいですか？

一人さんの回答　それでも縁を切ることだね。「LINEでつながっているのも嫌だ」と悩んだ時点で、あなたは相手のことが好きじゃないんです。その人とあなたは、相性が悪いの。

何度も言うけど、**相性の悪い人と無理につき合っても幸せになれません。嫌われる勇気を持つことだよ。**

好きでもない相手にまで嫌われないようにしようと思うから、話がややこしくなるんです。嫌いな相手に、なぜ好かれなきゃいけないのって話だよ。

というか、あなたが相手を嫌っているのなら、すでにあなたも相手から嫌われていると思います（笑）。

だとしたら、ＬＩＮＥを削除したところでなんの不都合もないよね。

日本人って、なぜか「みんな仲よく」という言葉を使いたがるんだけど。

あのね、**友達なんて2〜3人でもいればじゅうぶんなんです。いや、1人いるだけでもいいくらいだよ。**

いま、日本の人口は約1億2000万人なんです。こんなにたくさんの人のなかから、あなたは好きな人を選べるんだよね。

あなたの友達候補は、1億人以上もいる。

それなのに、なぜわざわざ嫌なやつを選ぶんだい？（笑）

それとね、この世は不思議なもので、気の合わない人とダラダラつながることをやめると、パッと気の合う人が出てくるものなんです。

いまはあなたの器《うつわ》がいっぱいだから出てこないだけで、嫌な人との縁を切っちゃえば、あなたの器にゆとりができる。そうすると、自然にいい人が出てくるよ。

嫌な人とつき合うのをやめると、気持ちがすっきりして軽やかになるし、あなたと気の合ういい人も出てくる。いいことずくめなんだ。

人を不快にさせてると人生うまくいかないよね

一人さんへの質問 一人さんは、人に教える立場として「こういう生徒は困る」「こういう生徒にはどんどん教えたくなる」というのはありますか？

あるとしたら、その理由も教えてください。

一人さんの回答

私は基本的に、教えて欲しいという人がいれば、精いっぱいお答えしたいと思っています。一人さんが知っていることなら、心の話だろうと仕事の話だろうと、いくらでも話すよ。

自分を成長させたい、魂を磨いて魅力をつけたいっていう気持ちで一人さんに質問してくれる人には、どんどん教えてあげたいからね。

しかも、**一人さんは質問してくれた人を絶対的に味方するんです。愛のある回答をするっていうのが、一人さんのなかでの決めごとなの。**

みんな、困った末に勇気を出して質問してくれるんだよ。

その気持ちも汲《く》まないで、「あなたにも悪いところがある」なんて一刀両断するのは嫌なの。それじゃあ、世間の人と同じだからね。

せっかく一人さんに質問してくれたのなら、愛のある学びを伝えたいんだ。

ただ、これだけはちょっと困るなぁ……というのが、「一人さんの言う通りにしましたが、うまくいきません」と言う人です。

本当に一人さんが言った通りにして、それでもなにひとつうまくいかないんだとしたら、それはもう、お師匠さんを変えるしかないの。

それと、「一人さんの教えではうまくいきません」と言うのは、それを言われた私が困ることを考えてないよね。

私は、私にできることをしています。それでうまくいかないのなら、お師匠さんを変えてもらっていいと言っている。

にもかかわらず私が困るようなことを言うって、そういう人はきっと、どこへ行っても人を不快にさせているよね。だから人生がうまくいかないんだと思います。

もがきつくした先に幸せが待っているよ

一人さんへの質問　大切なものを奪われ、ある人を心底憎んでいる自分がいます。この先、こんな気持ちを抱えながら生きていくのは嫌なのに、自分ではどうにもならず苦しいです。
どうしたら、楽に生きられるようになりますか？

一人さんの回答　憎むのをやめなって言われても、やめられないから苦しんでいるんだよね。

だとしたら、このまま憎み続けるしかないんです。

憎んで、憎んで、憎み続けたらいい。

憎しみを抱えながら生きるって、すごく苦しいよね。

すでにあなたは苦しんでいると思うけど、このまま憎しみを抱え続けていると、もっともっと苦しむことになります。

でもね、苦しくて、苦しくて、どうにもならない……そうなったときに、人間って自然に「もうやめよう」と思えるんだ。

と同時に、苦しみから解放されて心が軽くなるの。


人生は、「もがき」の連続なんです。

悟《さと》りを開くって言うけど、もがいて、もがいて、もがいて、もがきつくしたときに、「こんなに苦しいんだったら、もうやめよう」

という気持ちになることを悟るって言うんだよね。


自分ではどうにもならなくて、もがき苦しんでいると、ふと「まぁいいか」ってという心境《しんきょう》にいたる。それが悟りなの。わかるかい？

だから、焦《あせ》らなくても大丈夫だよ。

いまは苦しいかもわかんないけど、そのうち必ず、落ち着ける。

穏やかな気持ちでいられる場所にたどり着けるからね。

魂は自分がクリアできるお題だけ持ってくる

一人さんへの質問　苦しみの先に「悟り」があると言われても、その苦しみを乗り越えられる自信がありません。どうすれば、苦しみを乗り越える力を持てますか？

一人さんの回答　人間はみんな、生まれる前に、あの世でいろんなことを決めてきます。

生まれ育つときの環境や家族構成、自分の外見や性格、得意なこと、苦手なこと、嫌な人に出会うこと、成功や失敗、病気、ケガ、借金で苦しむこと、パートナーに悩まされること……そういうものを、あの世にいるときに「今世《こんせ》のシナリオ」として決めてきている。

細かいことはこの世で自分が決められるけど、大きな転機や目立つ出来事って、生まれた時点ですでに決まっているんだよね。

あなた自身（あなたの魂）が望み、そう決めてきたの。


じゃあ、なぜ苦しいことまで自分で望んでくるのか。

それはね、こういうことなんだ。

私たちの魂は、この世でいろんな経験をすることで魂が磨かれるんだよね。魂を磨いて成長する喜びを味わうために、この世に生まれます。

もちろん、楽しいことでも魂は磨かれるよ。

けどね、やっぱりつらいこと、苦しいことを通じて磨かれることってたくさんあるんです。問題を解決しようと思ったら、必死に考えるし、行動するから。

難題をクリアすればするほど、魂が成長する。

だから私たちの魂は、もがき苦しむようなお題を選んでくるの。わかるかい？

ただ、**そのお題がどんなに高いハードルに見えても、自分で選んできた問題だから、あなたに乗り越えられないわけがないんです。**乗り越えられないお題なら、持ってくる意味がないからね（笑）。

そう思って、愚痴《ぐち》や文句に埋《う》もれるよりも、

「このことからなにを学べばいいだろう？」

って考えてごらん。

起きた問題を、ゲームを攻略するみたく解決してみな。

そうやって一つひとつクリアしていくとね、魂がじわじわ成長していって、あなたの人生に登場する人間から出来事から、なにもかも変わっちゃうよ。

真面目《まじめ》な人は役員に向かないんです

一人さんへの質問　子どもの学校のＰＴＡ役員になりました。私にできることは可能な限り引き受けようと思い、率先《そっせん》して動いていますが、負担が大きくなったときはつらいです。

役員のなかには、いちいちお願いしないと動いてくれない非協力的な人もいて、こちらから指示出しするのも疲れます。

こういう場合は、どうするのが一番いいでしょうか？

一人さんの回答　**人間はそんなに立派じゃないから、まずはあまり深刻に考えないことだよ。**
深刻な顔をしながらお願いするからうまくいかないの。相手にしてみたら、あなたの顔や出てる波動が怖《こわ》いのかもしれない（笑）。

もっと気楽に、軽い感じで「これお願いできますか〜？」って言えば、相手だって気持ちよく引き受けてくれるんじゃないかな。

自主的に動いてくれない相手には、何度でも気楽に言えばいいだけなの。


ようは、**あなたは真面目《まじめ》すぎるんです。**

真面目でよく気がつくから、「あれもしなきゃ」「これもしなきゃ」ってひとりで抱え込むことになるし、負担も大きくなるんだね。

そういう観点で言うと、あなたはそもそも役員に向いてない（笑）。

役員って、「俺は役員なんだ」って威張《いば》りたい人の方が向いているんだよ（もちろん冗談ですよ）（笑）。

とにかく、あなたのような真面目な人は、役員向きじゃないの。

今後は、無理して役員にならない方がいいと思います（笑）。

いくつになっても本当の友達はできるよ

一人さんへの質問　「大人になったら本当の友達はできない」と言う人がいますが、それは本当でしょうか？

一人さんの回答　大人になっても、友達はできると思います。

現に一人さんは長いこと大人をやっていますが、その間、友達はいっぱいできたしね。もちろん、みんな素晴らしい友達です。

友達だけじゃない。彼女もいっぱいできたよ（笑）。

彼女なんか、候補者が多すぎて40人に絞《しぼ》ってるくらいだからね（笑）。

でもね、**「大人になったら本当の友達はできない」**と思ったっていいんだよ。そう

いう人には、そういう現実が起きるだけだから。どんな意見も正しいの。
ただ、一人さんはそうは思わないよっていうだけで。

気の合う楽しい人とは、大人だろうが子どもだろうが関係ない。いつだって友達になれるんだ。

一人さんは、そう思います。

2人の問題に他人は口出しできないんです

一人さんへの質問　パートナーに浮気されてショックを受けていたら、あろうことか、相手は「君が前世で悪いことをしたからだ」と開き直りました。こんなふうに自分を正当化するために前世の話を持ち出されると、本当に嫌な気持ちになります。

こういう相手には、どう対処《たいしょ》したらいいでしょうか？

一人さんの回答

まず、男と女の問題に他人は口出しできないんです。第三者が口を出しちゃいけないんだよね。

人それぞれ幸せの形は違うし、考え方も生き方も違うからね。

同じ問題でも、1つの答えがみんなにとって正解になることはないんです。

だから、人にアドバイスを求めたってしょうがないの。まさか多数決で決めるわけにいかないしね（笑）。

あなたには、あなたにしか出せない正解がある。自分で気のすむように、好きな道へ行くしかないんだ。

それでも一人さんの考えが聞きたいという人のためにお答えするとしたら……悪いことは言わない。そんなやつとは別れちゃいな（笑）。

ただ、それでも別れたくない人っているんです。

だったら、別れない選択をするしかないよね。

結局、あなたにとっての正解は、あなた自身にしか導き出せないんです。

あなたの考えていることが、あなたにとっての正解だから。

人に質問するのもいいけど、自分がどうしたいかよく考えてみるといいですよ。

前世の話まで持ち出して自分を正当化するような相手でも、この先一緒にいたいかどうか。それはあなたにしかわからないからね。

それと、別のかたからこういう質問があったんです。

「パートナーが外で子どもをつくってしまい、どうしていいかわかりません。なんとか感情的にならず、前向きに後悔のない判断をしたいと考えているのですが、それにはどうしたらいいでしょうか？」

こういう人ってたまにいるんですけど、本心で「感情的にならず、前向きに後悔のない判断をしたい」と思っているんだったら、誰かに相談するまでもないよね。

自覚していないかもしれないけど、これはもう神か仏の部類だよ。

自信をもって、あなたの思う通りにしてください。
あなたの選んだ道が、あなたが一番幸せになれる世界につながっているからね。

上司だって間違うことはあるよ

一人さんへの質問　仕事でミスをしたとき、みんなの前で叱《しか》られました。上司の「ほかの人にも必要な知識だから」という意図はわかりますが、人前で叱責《しっせき》されるのはつらいです。

叱るときはこっそり私だけを呼んで欲しいし、ミスをした本人が恥をかかないやり方で情報共有すればいいと思います。

こんなふうに考える私は、間違っているでしょうか？

少しも間違っていませんよ。

一人さんの回答

人前で叱らないで欲しいと思うのは、あなたの自由だからね。

で、**まずあなたにできるのは、自分が嫌な気持ちになることは、ほかの人にもしないようにする。あなたが上役になったときは、部下を叱るときに、誰もいない場所を選んだらいいよね。**

あなたはきっと、部下に慕われるいい上司になれるよ。

ただ、**もっといいのは、いまの上司にきちんとあなたの気持ちを伝えること。**

「すみませんが、誰もいないところで注意してください。みんなの前で注意されるとつらいです」

って言えばいい。

もしかしたら、あなたは上司のやり方に口を出しちゃいけないという思い込みがあるのかもしれない。

でもね、なにも言わずにいると、その上司がいる限りずっと同じことの繰り返しだよ。上司がいなくなるまで、あなたは嫌な思いをし続けなきゃならない。
それを我慢するくらいなら、自分の気持ちを伝えた方がいいよね。

上司だって間違うことはあります。でもあなたの気持ちがわかれば、上司の方も「悪かったな」って、次からは気をつけてくれるかもしれないよ。

ただし、**伝えるときは深刻な顔にならないこと。こういうのは、気楽に、笑顔で爽《さわ》やかに伝える方が効果的だからね。**

で、あなたに逆ギレするような上司だったら、こっちから願い下げだよ。そんな上司と一緒に働いてもいいことなんてないから、さっさと辞めて、もっとあなたを大切にしてくれる会社に転職したらいいと思います。

あなたみたいな優しい人には、すぐにふさわしい職場が見つかるよ。

豪華《ごうか》な人生を送らなきゃいけないんだ

一人さんへの質問

人間関係を必要以上に深刻に考えずに済む、一人さん流の楽しい考え方があれば教えてください。

一人さんの回答

まず、人は豪華《ごうか》な人生を送らなきゃいけないの。

人間関係における豪華ってなにかと言うと、友達も彼女（彼氏）も欲張っていいですよってこと。いや、彼女（彼氏）の数は好きな人数にしたらいいんだけど（笑）。

とにかく、いい人といっぱいつき合えばいい。

たくさんの友達に囲まれていいし、豪華な人間関係が自分にはふさわしいと思っていい。「友達豪華」の発想を持てばいいの。

なにが言いたいんですかって、あなたは友達が少なすぎるんです。

人間関係でいちいち深刻になるのは、そもそも友達が少なすぎるからだよ。

親しい人がたくさんいると、「あの人が嫌だ」「この人が苦手」みたいなことはあんまり考えなくなるんです。友達が多ければいろんな人に意識が向くから、1人くらいおかしなことを言う人が出てきても、たいして気にならない。

だけど友達が1人しかいなかったら、あなたの意識はその人の言動に集中するよね。そうすると、相手がちょっと変わったことをするだけで気に障《さわ》るの。

他人の言動がいちいち気になるのは、あなたの人づき合いが狭すぎるからなんだ。


ストーカーと一緒にしちゃいけないかもしれないけど、1人の相手に固執《こしつ》して追い回すのだって、彼女（彼氏）の数が少なすぎるのが原因だよ（笑）。

彼女（彼氏）が1人しかいないから、ストーカーになるの。

恋人の数が多ければ、毎日違う人とデートしなきゃいけません。必然的に忙しくなって、特定の相手につきまとってる時間なんてなくなるよ。

つまり、ストーカーって暇《ひま》なんです（笑）。

彼女（彼氏）の人数が少ないのをいいことだと勘違《かんちが》いして、愛だの純粋だのって言うんだけど……恋人が1人しかいないのは、ようはモテないだけなんだよね（笑）。

というわけで、**これはあくまでも一人さん流の考え方ですが、友達豪華、恋人豪華**

の観念があれば、人間関係はスムーズになると思います。

なお、一人さんは倫理的なことはわかりませんので、その点は自己責任でお願いしますね（笑）。

一人さんって、愛がなかったことが一度もないんです

柴村恵美子

私が一人さんと出会ったのは、18歳のときでした。考えてみると、もう47年も一人さんとともに生きてきたわけで、この時間の長さには自分でもびっくりします。

だけどもっと驚きなのは、この間、一人さんがひたすら愛を出し続けてきたこと。

一人さんに「愛がないなぁ」と感じたことは、ただの一度もありません。

ふつうに考えたらありえないことですよね。

でも一人さんって、本当にそういう人なんです。

昔は、私自身が未熟《みじゅく》で一人さんのスゴさがわからなかったのですが、いろんなことを思い返してみると、いまになって一人さんの愛の深さに気づくことがたくさんあります。

たとえば、学生時代の友達づき合い。

一人さんと私は指圧の学校で出会ったのですが、当時、クラスメイトにはちょっと個性的な生徒が2人いて。みんなから「話のかみ合わない、つき合いにくい人」と思われ、クラスでずいぶん浮いていていたんです。


ところが、**一人さんだけは絶対に仲間外れにしません。その人たちがポツンと孤立していようものなら、すかさず声をかけて仲間に入れちゃうんです。**

その方法がまた自然で、本人がうれしくなるような「愛あるイジリ」で輪の主役に引き立てる。

孤立していた友達を喜ばせると同時に、周りもドカンドカン爆笑させるんです。

いつの間にか、クラスは楽しいムードでいっぱいです。

一人さんにイジられたクラスメイト、本当にうれしそうだったなぁ……。


当時の私は、一人さんがどんな考えでそうしていたかなんて知る由《よし》もありません。

みんなも、「斎藤君ってすごく楽しいね」って一人さんのことが大好きだったけど、その愛の深さに気づいている人はいなかったと思います。

でも考えてみれば、それだって一人さんの愛なんですよね。

いちいち自分の愛に気づいてもらう必要はない。ただ、みんなが笑っていられたらいいっていう、**1ミリの押しつけもない愛です。**

一人さんが最初に出した『変な人の書いた成功法則』（総合法令出版刊）という本にしてもそう。

実はあの本、最初は「困ったことは起こらない」というタイトルが提案されていたんです。

ところが、この提案を聞いた一人さんが「それはダメだね」って。

そのタイトルでは、ほかの人の本を否定することになってしまうから、別のタイトルにしようと言うんです。

当時、いろんな会社の社長さんなど、成功した人たちの出した本がたくさんありました。そしてそれらの本には、「つらくても歯を食いしばって働いた」「苦労を乗り越えて成功した」といった内容が多く書かれていた。

いっぽうの一人さんは、「がんばっちゃいけないよ」「苦労はダメだよ」という考えですから、いわば両者は真逆の立場。

一人さんは、そのことを気にしていたんですね。

「がんばってきた人、努力して成功した人たちも正しいの。一人さんの考え方も正しい。どちらも正しいから、相手を否定するような意味になるのはよくないよね」

そう言うんです。

結果、『変な人の書いた成功法則』というタイトルになった。

確かにこれなら、「ほかの本とは真逆のことを書いていますが、私は変な人だからゆるしてくださいね」という一人さんのメッセージが伝わりますね。私は変な人ですよ、と言うことで相手を否定しない気遣《きづか》い。

本のタイトルをつけるときに、ここまで配慮できる人がほかにいるでしょうか？

本の発売後、半年ほどで納税日本一になり、一人さんは日本じゅう……いや、世界じゅうから注目を浴びることになります。

でも、一人さんに嫉妬《しっと》する人もいなければ、嫌がらせをする人もいない。誰も一人さんを叩《たた》くことはありませんでした。

それどころか、みんな一人さんのファンになっちゃった。

間違いなく、**一人さんが常にほかの人への配慮を忘れず、みんなを笑わせ、楽しませてきたからです。**

少しでも、一人さんみたいな生き方ができるようになりたい。

そんな気持ちで、いまも私はその背中を追い続けています。

第3章

人生を激変させる考え方って？

人生を楽しむこと自体が成功なんだ

一人さんへの質問　人生には、ある程度の計画や目的があった方がいいでしょうか？
あるいは、計画や目的などなくても、うまくいく方法はありますか？

一人さんの回答　人それぞれ、好きなことも嫌いなことも違うんだよね。

みんなが得意なこと、みんなが苦手《にがて》なことってないんです。楽しいと感じること、ワクワクすることやなんかも、1人ひとり違います。

なんでも計画を立てる人って、計画を立てることがワクワクして楽しいからなの。ワクワク楽しいことをするんだから、その波動で、またワクワク楽しくなるようなことが起きる。計画を立てることでうまくいくのは当たり前なの。

反対に、計画を立てるのが苦手な人にとっては、いちいち計画を立てなきゃいけないって苦痛でしょ？　嫌なことを我慢したって、うまくいくわけがありません。

つまり、具体的な「〇〇したら成功する」みたいな手法は、誰にでも当てはまるわけじゃないってことです。

ただ、これだけは全員に当てはまると、一人さんが確信していることがあるの。

それはなにかと言うと、

「好きなことをした方が成功する」

好きなことって、いくらがんばってもつらくないし、楽しく続けられるんです。自分から努力したくなる。

野球が苦手な人にとっては、素振《すぶ》りを毎日100回しろと言われたら嫌で嫌でしょうがない。だけど野球が好きな人にとっては、「これをすれば野球がもっとうまくなるぞ」って、雨の日も雪の日も、1日1000回だろうが素振りしちゃうんだよ。

当たり前だけど、毎日練習すれば、練習しない人より成功しやすくなる。

だから一人さんは、「成功したかったら好きなことをしな」って言うんだ。

それとね、なにか大きな富を手にしないと成功したと思えない人がいるんだけど、楽しいことをしているだけで、人生は成功なんです。

私はよく「俺の人生、失敗したことがない」って言うけど、それは「一人さんの人生は常に楽しい」という意味なの。

1分1秒たりとも楽しくない時間がないから、私の人生は大成功の連続なんです。で、そう思っている一人さんは、いままで会社で赤字を出したことは一度もないし、納税日本一にもなった。いい仲間にも囲まれて、いつだって最高に幸せなんだ。

つらいニュースは途中からでも見るのをやめな

一人さんへの質問

暗いニュースは受け流そうと思っていても、自分の子どもと同じくらいの子が犠牲《ぎせい》になった事故や事件のニュースを見ると、反射的に我が子と重ね合わせてしまい、泣きたくなるほど悲しい気持ちになります。

どうすれば、ニュースを冷静に見られるようになりますか?

一人さんの回答

残酷《ざんこく》なニュースを見て泣きたくなるほど悲しい気持ちになるのは、ふつうの人の何倍も共感性がある証拠です。だから、自分と関わりのない人のことでも、まるで自分ごとのように胸が痛むんだよね。

あなたは、人の気持ちがわかる優しい人なの。

そういう人は、残酷なニュースを冷静に見ようとしても、できないと思います。

優しいのをやめたら冷静に見られるかもしれないけど、それって、あなたの魅力を捨てるのと同じだからね。

あなたはそのままでいいんです。

優しいって、最高に素晴らしい才能だよ。

ニュースを見て苦しくなるのなら、そもそもニュースを見なければいいよね。

もちろん、ふつうにニュースは見ていいんだけど、胸の痛む内容が出てきたときは、途中からでも見るのをやめたらいい。

テレビだったら、パッとチャンネルを変える。新聞やネットニュースだったら、そのページを閉じる。

途中でやめるだけでも、気持ちはずいぶん違うと思いますよ。

壁を打ち破れば Tバック美女が待っている（笑）

一人さんへの質問　壁を打ち破り、新たなステージに立てるのは、人生のどんなときですか？
また、そういうブレークスルーが起きる前兆のようなものはあるのでしょうか？

一人さんの回答　一人さんって、すごい変わり者なんです（笑）。

ふつうの人と同じ考え方だと、ふつうの人生にしかならないと思っているから、いつもみんなとちょっと違うことを考えているの。

たとえば、みんながこぞってパワースポットへ出かけるなか、私は自分の気が向いたところしか行かない（笑）。

だって、自分のいる場所がパワースポットだと思っているから。

自分のいる場所というか、一人さん自身がパワースポットそのものだと思っているから、どこへ行こうと、そこがパワースポットになっちゃうんだよね。

それで質問に対する私の考えなんだけど、**一人さん的に言えば、毎日でも、1日に何度でも壁を打ち破っちゃうんです（笑）。**

私の人生では、ブレークスルーなんてしょっちゅう起きている。

じゃあ、ふつうの人にはなぜ毎日起きないんですかって、「壁を打ち破ると失敗する」と思っているからだよ。

壁の向こうには成功か失敗のどちらかがあって、たいていそれは失敗だ。という前提で生きている。だから、みんな目の前の壁を壊そうとしないんだよ。

壁を壊そうともしないのに、ブレークスルーがあるわけないよね（笑）。

その点、一人さんは「壁の向こうには成功しかない」と思っている人だから、壁が出てきたら片っ端から壊しちゃうの（笑）。扉があれば開けまくる（笑）。

壁だろうが扉だろうが、その向こうには宝の山しかない――たとえば、Tバックをはいた大勢の美女が待っている（笑）。そう信じ込んでいるからね。

という話をすると、恵美子さんなんかは「さすが妄想族《もうそうぞく》のリーダー！」って爆笑するんだけど（笑）。

でも、そう思っている一人さんだからこそ、ふつうの人にはありえない頻度《ひんど》でブレークスルーが起きるのかもしれないね。

あなたも一人さんみたく、壁を壊しまくってみるといいですよ。楽しいよ。

あなたの存在そのものが奇跡です

一人さんへの質問
奇跡は、誰にでも起きますか？
奇跡が起きやすい人がいるとしたら、それはどんな人ですか？

一人さんの回答
さっきの話に通じるんだけど、一人さんは、奇跡が起きるのは当たり前だと思っている人なんです。

で、そう思っている私の人生には、奇跡がしょっちゅう起きるの。

私は生きていること自体が奇跡だと思ってる人間だから、人生そのものが奇跡だし、それこそ毎日が奇跡の連続なんだよね。


みんな、本当の意味での「奇跡の定義」を知らないのかもしれないね。

まず、奇跡というのはめったに起きないこと。

ただし、一度も起きないことは奇跡ではない。

この定義を前提に考えてごらん。

あなたが人間として生まれたことがそもそも奇跡だとわかるし、日本に生まれたこと、その肉体に生まれたこと、いまこの環境で生きていること……ぜんぶが奇跡なんです。どれも当たり前のことじゃない、奇跡なの。

あなたの存在そのものが奇跡なんだ。


これが一人さんの考え方です。

そして、こういう考え方で生きている一人さんには、なぜかみんなが期待しているような奇跡もふつうに起きる。

自分が奇跡そのものだと思っている人には、波動の法則によって、じゃんじゃん奇跡が起きるものだからね。

奇跡が起きて欲しければ、まず考え方を変えてみるといいですよ。

いくら本を読んでも出世しない人だっているよ(笑)

一人さんへの質問 本を読みたい、学びたいと思って買うのに、いざ時間ができてもなかなか読む気になれず、そのまま放置している本が山になっています。

どうすればもっと本を読めるようになりますか？

一人さんの回答

本が読めないということは、そんなに本が好きじゃないってことなんだよね。

好きでもないのに、無理に読もうとしなくていいんです。

あなたはただ、本向きじゃないというだけなの。

ちなみに恵美子さんの場合は、もともと本がすごく苦手だったんだけど、一人さんがそばで何年もかけて「本を読むといいよ」って言い続けているうちに、だんだん本を読むことが楽しくなってきたんだって。

いまでは自分からいろんな本を読むんだよね。

だから、あなたも誰かに「本を読みな」っておすすめしてもらえる環境にあれば、そうしてもらうといいかもしれない。ただし、本を好きになるのに何年かかるかわかんないけど（笑）。

で、そういうのにつき合ってくれる人がいないなら、本を読むのはあきらめて、テレビやYouTubeみたいな動画サイトから情報を得たらいいんじゃないかな。

学ぶ道はいくらでもあるんです。

あなたはたぶん、「出世したかったら本を読め」とか「出世してる人は本好きだ」とかって、誰かに聞かされたんだよね。

だけど、出世しても本を読まない人はいくらでもいるの。総理大臣や大統領になっても、本を読まない人は読みません。

あと、いくら本を読んでも出世しない人だっているしね（笑）。

でもせっかくなので、参考までに**一人さんオススメの本を挙げるとしたら……どんなジャンルでもいいから、頭が柔らかくなる本です。**頭が柔らかくなることで出世するかどうかはわかりませんが、あなたの周りにいる人は、あなたの頭が柔らかくなると間違いなく助かるからね（笑）。

それから、一人さんはふだんどんな本を読むんですかっていう質問も多いのですが、**特に好きなジャンルはないんです。本は楽しく読みたいから、そのときピンときたものを選ぶことがほとんどだね。**

ちなみに、最近読んだ本のなかで一番面白かったのはエッチな本です（笑）。楽しくて元気が出るし、これなら本が苦手な人にもおすすめです（念のため言っておきますが、冗談ですからね）（笑）。

人間はヨットでも杭《くい》でもないんです

一人さんへの質問　よく、人生はヨットのようにたとえられます。追い風がベストだけれど、実は向かい風もヨットの操《あやつ》り方によっては前に進むことができる。ヨットにとって一番つらいのは、風がないときだというのですが、人生も平凡でなにもないときが一番面白くないということでしょうか？　つらいことがあると、平凡でなにもないのが一番幸せのように感じますが、つらいことのない人生の方が幸福度も低いですか？

一人さんの回答

ヨットは風がないと進まないから、向かい風でもあった方がいいんだよね。

だけど人間というのは、自立歩行ができるの。

風があろうとなかろうと、自分の好きなところへ行ける。あなたは、あなたの好きなところへいつでも行っていいんです。

だから、ヨットのたとえなんか出されて、引っかかっちゃダメだよ。

人間はヨットじゃないからね。

それと、よく「出る杭《くい》は打たれるから気をつけろ」とかって言うんだけど。一人さんに言わせると、「俺のどこが杭に見えるんだよ」って（笑）。

こういうたとえ話は、いまつらい状況にある人へ向けて「そういう人生の方が面白いんだよ」って、相手を元気づけるために言うだけなの。

別に落ち込んでもいないのに、ヨットだの杭だの気にする必要はないよね（笑）。

元気なあなたは自分の足で好きなところへ行けばいいし、いくらでも人より飛び出たらいいんだ。

一人さんは、人の言うことなんて聞いたことがないんです。

それから、人の言う通りにして出世した人も見たことがありません。

自分の好きなように生きたらいいんだよね。それが一番、幸福度が高いの。

最初は失敗が怖《こわ》いかもしれないけど、失敗しているうちに必ずうまくいくようになるから、楽しみながら進んでみな。

１００回のうち、１回でも成功すれば御《おん》の字なの。

そう思って挑戦していると、そのうちに、ビシッと「こっちが正解の道だ」ってわかるようになりますよ。

個性を活《い》かして成功する道を探してごらん

一人さんへの質問　おそれに負けないチャレンジ精神旺盛《おうせい》な人は、ふつうの人とどんなところが違うのでしょうか？　おそれを手放し、勇気を出すためのコツがあれば教えてください。

一人さんの回答　チャレンジ精神旺盛なのは、そういう個性の人なんです。生まれつきなの。

一人さんみたく、壁の向こうにはダイヤモンドとか美女とか、宝の山しかないと思ってる人は、いくらでも壁を壊しまくるんだよね（笑）。

私みたいなタイプは、チャレンジしないでじっとしてる方がつらいの。

だけど、壁を壊すと失敗するかもしれないっていう考えの人は、どうしてもおそれが出ちゃうんだよ。これはしょうがないし、チャレンジできないからって、その人がダメなわけじゃないんです。

怖がりの人は、怖がりを利用して出世する道がある。
チャレンジ精神旺盛な人は、それを活《い》かして出世する道がある。
個性の違いがあるだけで、そこに優劣なんてないんだ。

たとえば、小説を読んでごらん。

びっくりするような細かい描写の連続に、「よくこんなところに注目したなぁ」「ここまで深掘りするの!?」って感心するでしょ?

でも小説家って、そうじゃなきゃなれないんだよね。

彼氏とすれ違ったときに、こっちを見てくれなかったとする。たったそれだけの出来事で本が1冊書けちゃうくらい、小説家って読みが深いの。ものすごい才能だよ。

で、これはあくまでも一人さんの想像に過ぎないけど、小説家のなかには、繊細《せんさい》すぎる個性のために日常生活で大変さを感じている人もいるんじゃないかな。些細《ささい》なことが気になるとか、深読みしすぎる性格って、一般社会では息苦しさがあるかもしれない。でも、それを活かせば小説家として出世できるんだよ。わかるかい？

チャレンジ精神旺盛だろうと、怖がりだろうと、どっちでもいいんです。

その個性を活かして成功する道を探してごらん。

動かないのも立派な選択だよ

一人さんへの質問　よく、「どうせ後悔するなら、行動せずに後悔するより、行動して後悔する方がいい」と言われます。これは本当でしょうか？

一人さんの回答

こういうことは、あまり人の意見を聞いても意味がないんです。

自分の気持ちが伴わなきゃ、いくら「やって後悔した方がいいよ」と人に言われても、結局動かないまま終わるだけだからね。それに、もし行動したとしても、人に言われて動いたことって、失敗したら人のせいにしたくなるの。

本当に自分のしたいことなら、後悔するとかしないとか、周りが賛成するとか反対するとか関係ない。勝手に動いちゃうものだよね。と一人さんは思います。

でもね、なぜか行動することがためらわれるときってあるんです。悩んで動けないことがある。

そういうときは、行動しない方がいいんだよね。虫の知らせなの。

うかつに行動すると大変な借金を抱えることになるとか、人に迷惑をかけるとか、なにか動かない方がいい理由があるからだよ。

行動したいときは、自分の気持ちに従って動けばいい。
だけど悩んだときは、動かないのもまた立派な選択です。
あなたの思った通りに生きるのが、いまのあなたにとっての正解なんだ。

で、最初は悩んで動けなかったことでも、時間が経ってみたら、なぜかスッと動けるようになることがある。そのときは、思い切って動いてみたらいいんだよね。機が熟《じゅく》したってことだから。

いずれにせよ、あまり深刻にならず、肩の力を抜いて気楽にね。それが一番ですよ。

出世したけりゃ自分を褒《ほ》めな

一人さんへの質問

私は、ものすごく行動的なときもあれば、急になくなにもかも嫌になって引きこもり、停滞してしまうこともあります。これほど気持ちにムラがあるのは、なにか理由があるからでしょうか？　また、なにもかも嫌になったときは、そのまま放っておいていいのでしょうか？

一人さんの回答　あなたはそういう個性だから、これでいいと思うことだよ。

気分にムラのある性格は直しようがないし、**それがあなたの個性なんだから、そのまま生きるしかないの。**

自分否定より、自分褒《ほ》め。

「やる気のあるときはガンガン行動するし、やる気がないときはなにもしない。これでバランスが取れているんだ」

って肯定的《こうていてき》にとらえな。なんでもいいから、自分否定をやめることだよ。

どうしたら自分を褒められるか、そこに意識を集中して考えてごらん。

それができるようになると、今度は周りの人のことも褒められるようになる。出世なんていうのは、こういうところから始まるんです。

自分褒めを極めたら、間違いなく出世につながるよ。やってごらん。

この本では、**繰り返し自分褒めの大切さをお伝えしているのですが、それは、自分褒めには人生を１８０度変える力があるから**なの。すごく価値のある、重要な話なんだよね。

だから、この話をさらっと聞き流して欲しくなくて、こんなに何度も言うんです。**チャンスはいつだって人間関係のなかでもたらされるものだし、チャンスが得られる人脈をつくろうと思ったら、やっぱり相手に好きになってもらわなきゃいけない。**

それには、まず自分が魅力的な人間になること。

魅力があるってどういう人かと言うと、人を安心させてあげたり、癒《いや》してあげたり、喜ばせてあげられる人だよ。

ようは、人を褒められる人が魅力的なの。

「笑顔が素敵ですね」
「いつも心遣《こころづか》いが素晴らしいですね」
「手伝ってくれて助かりました」

そのひと言が出るか出ないかで、人間関係って全然違ってくるよ。人を褒めるって、人間関係において一番大切なことだからね。

なのに、その重要なことができない人が多いんです。人を褒めることより、英語がペラペラになることの方がすごいと思い込んでいたりする。

あのね、あなたが英語を喋《しゃべ》ることより、周りは自分を褒めてくれる方がうれしいの。そっちの方が喜ばれるんです。

だいたい、外国へ行けば、3つの子だって英語ペラペラなんだしね(笑)。

もちろん英語を勉強するのはいいんだよ。英語が好きな人は、どんどん勉強すればいい。だけど、魅力をつけることを忘れていると、いくら英語が話せるようになってもチャンスはこないと思いますよ。

まずは、あなた自身に魅力をつけな。

そのために、今日から自分褒めだよ。

で、だんだんいい人が自分の周りに集まり始めたとか、幸運が続き出したら、神様からうんと大きなご褒美《ほうび》がもらえる予兆だからね。楽しみにしてな。

英語が必要なら、英語ができる彼女をつくればいい（笑）

一人さんへの質問　苦手なことを克服するための、よい方法があれば教えてください。

あるいは、苦手なことはそもそも克服しようとしなくていいのでしょうか？

一人さんの回答　苦手なことは無理にがんばってもうまくいかないし、やればやるほど嫌いになるだけだと思います。だから、克服しようと考えなくていいよ。

苦手なことをしないって、才能なんです。

周りはみんな、世間の常識にならって「苦手なこともがんばればうまくなる」と信じて嫌々やるんだけど、そんなことをしたってあまり意味がないの。

苦手なことを努力しても、せいぜいふつうのレベルになるくらいで、頭抜《ずぬ》けた結果は出せないからね。

同じ時間と労力をかけるのなら、苦手なことより、得意なことに集中した方がいい。

そうすれば得意なことがますます伸びて、そちらの道でいくらでも生きていけるようになるんです。

一人さんなんて、その昔、英語の教科書の1ページ目を開いた瞬間に「これは俺には必要ない」ってはっきりわかったから、英語を勉強したことなんてないの（笑）。どうしても英語が必要になったときは、英語のできる彼女をつくればいいからね（笑）。

苦手なことは、それが得意な人に任せたら済む話です。

それと同じように、一人さんは気乗りしないこともしません。

これも繰り返しになっちゃうけど、私は自分の機嫌を取ることを一番に考えているから、自分の気分が悪くなることは絶対にしないんだよね。

自分の人生の社長は、自分なの。

自分が社長なんだから好きなように生きていいし、少しでも自分の人生が豊かになるよう、社長として責任をもって自分を幸せにしなきゃいけないんです。

それなのに、みんな周りの顔色ばかり気にして、世間の言いなりになっちゃってる。

いや、人の顔色を気にしたっていいんだよ。そういう性格を、「私は人の気持ちのわかる優しい人間なんだ」と褒められるんだったらね。
まずは自分から幸せになりな。自分を認めてゆるさなきゃ、なにも始まらないよ。

人間、70歳からが最高に楽しいんです

一人さんへの質問 年を取り、体調の変化に戸惑《とまど》っています。うまく老いを受け入れるための心がまえなどはあるでしょうか？

一人さんの回答 私のお姉さんが古希《こき》を迎えたとき、こんなことを言ったんです。
「僕ちゃん（お姉さんは私のことをこう呼びます）ね、70歳を過ぎると、毎日が楽し

いのよ」

お姉さんは、毎日楽しくてしょうがないんだって。生きていること自体が、楽しくてしょうがなくなるよって。

そういうものなんだなぁって聞いていたんだけど、一人さんも年を重ねるにつれ、だんだんお姉さんと同じことを思うようになったんです。もともと一人さんは毎日楽しく生きてきたけど、この頃、ますますそう感じるようになりました。

いまが、人生で一番幸せなんだよ。毎日、仲間と一緒にドライブやなんかに行ったりしながらで、最高に楽しい。

だから、あのときのお姉さんのひと言は、まことにその通りだと思います。


こういうのって、理屈じゃないんです。

自分の気持ちが軽くなるものが一番で、「こう考えると、なぜ心が軽くなるのか」みたいなことを考えてもしょうがないの。

感覚で自分に合うものを信じたらいいし、自分に都合のいい考え方でいいんだ。

ちなみに一人さんの場合は、やっぱり好きなことをするのが、ずっと元気で若々しくいるために一番大事だと思います。

なかでも最高なのは、恋をすることだね（笑）。

恋って素晴らしいんです。人生に絶望したときやなんかも、恋人がいれば立ち直れるの。ものすごいパワーをもらえるんだよ。

恋をすると、なぜそんなに元気で若々しくいられるんですかって、神様がそういうふうにしてくれたの。これも、理由なんて深く考えなくていい。

恋をして、ワクワク楽しんでください。

失敗した人をやっつけて終わるだけ。まだそんな人生がいいですか？

柴村恵美子

この世には、男と女が存在します。

だけど、魂的には男も女もないんだよ。というのが一人さん流の考え方です。

男女の区別がないどころか、そもそも魂には形（肉体）がありません。魂は、神様から授かった、万能で完璧《かんぺき》なエネルギー体だから。

ただ……完璧なエネルギー体って、実はちょっと退屈なんです（笑）。

形のない魂は、人間みたいに泣いたり笑ったり、怒ったり、落ち込んだり、悩んだりすることができません。そのぶん、刺激に欠けちゃうの。

だから私たちの魂は、肉体を持っていろんな体験ができる、この地球という星へ行きたくてしょうがないんです。地球には、あの世では経験できない楽しいことがいっぱいあるし、その体験を通じて魂を磨くことができるから。

地球では、便宜上《べんぎじょう》、男と女に分かれています。分かれてはいるけれど、本当は男性的な面も、女性的な面も、両方持っている。

女性でありながら男性的な強さも備えているし、男性も女性のような優しさを持っているんですね。

それなのに、私たちはとかく「男だから」「女だから」と区別したがるし、そのことで長きにわたり、いろんな問題が起きてきました。

でも最近、男女の差別をなくそうっていう声が、世界中でものすごく大きくなってきていると思いませんか？

実はそれには理由があって、一人さんの言葉を借りるとこうです。

「男だから、女だからっていうのは関係ないよ。

自分のなかには男も女もいて、あなたが今世《こんせ》、それをどう表現するかなの。

あなたのなかの男と女も、統合しなきゃいけない時代がきたんだ」

みんなの魂が、「もう男も女も関係なく、ひとりの人間として認め合おうよ」って共鳴しているからこそ、男女差別をなくそうっていうムーブメントも広がってきているんですよね。

実はこういうときって、差別発言をした人などがやり玉に上げられやすく、しかも、多くの人がそこに加勢する傾向になります。間違った人を、徹底的にやっつけようとする空気感になりやすい。

だけど、一人さんはまったく違った視点なんです。

もちろん、差別発言はいけませんよ。

ただそのいっぽうで、間違った発言をすることで「大騒ぎを招く」という大役を果たしてくれている。という見かたもできるんですよね。

男女差別をやめようというムードが高まっているときに、絶妙なタイミングで差別発言をするから大騒ぎになる。だけど、大騒ぎになったおかげで、世の中が本気で差別撤廃《てっぱい》に向けて動き始めるんです。


統合の時代には、こんなふうに騒ぎを起こす人がしばしば出てきます。

これも神はからいだし、みんなの魂レベルが上がってきている証《あかし》。


そう思うと、私なんかは失敗した人に対して、「よくぞ、みんなの目を覚ましてくれましたね！」「大役、お疲れさまです！」って労《ねぎら》いたくなるほど（笑）。

もちろん、反省や改善はしてもらうっていう大前提ですけどね。

統合の考えを知っている人は、ものごとを世間の考え方とは真逆《まぎゃく》から見ることができるようになります。

悪く見えることからも、学びが得られる。

考え方がほんのちょっと違うだけで、行きつく先は大違いなんです。

さて、あなたはどちらの人生を生きたいですか？

第4章

本当の豊かさはこうやって引き寄せる！

楽しく仕事をする。それが一人さんの資産運用

一人さんへの質問

お金がある程度貯《た》まってきたので、資産運用をしたいと考えています。

一人さんの、おすすめの資産運用法などはありますか？

もしあれば、その理由も教えてください。

一人さんの回答

私はね、仕事はゲームみたいで楽しいからじゃんじゃんバリバリするのですが、お金に対しては、「仕事でがんばった得点」みたいな感覚なんです。

仕事でどれくらいみなさんの役に立てたか、喜んでもらえたかというのがわかるか

ら、お金を受け取ることが楽しい。だから、通帳の数字が増えさえすればいいという考えはないんだよね。

というちょっと変わった人なので、資産運用はしたことがないの。

納税日本一なのに資産運用をしていないんですかって、嘘じゃないんです。本当によく知らない（笑）。

そもそも一人さんの思う資産運用は、みんなとは定義が違っていて。

私は、楽しく仕事をすることこそが資産運用だと思っています。

あとね、ほかの人にお金を託すくらいだったら、自分に任せたい（笑）。だって、一人さんが一番信用しているのは自分だから。

それと、これは基本的なことなんだけど。

どんなふうに資産運用するかは、それぞれの事情に合わせて自分で考えるしかないんです。資産運用について人に聞くから失敗するんだよね。

自分の思う通りにして失敗した場合は、その失敗だって勉強になるの。だから、短期的には損をしたように見えても、長い目で見ると資産を増やすことにもつながりやすい。

その点、**人の言うことばかり聞いていたら、いつまでたっても勉強にならないし、自分の身にならない。それで損をしたら、人のせいにして終わりなんだよね。**

まぁ、人の言うことを聞いちゃダメだっていうことは学べるだろうけど（笑）。

こういうことを大前提に、**大切なお金をどうしたらいいか、自分でよく考えてみてください。**

あと、似たような質問にこういうのがあったので、ここでお答えしておきます。

「クレジットカードは使わず、現金払いで収支を見えやすくすることが節約のポイントだと聞きますが、これは本当ですか？」

これもね、人によって考え方も事情も違うから、一概《いちがい》にこうするといいですよっていうアドバイスは存在しないの。

ちなみに、一人さんはクレジットカードを持っていないので、クレジットカードのことを聞かれてもわかりません（笑）。

ただ、お弟子さんたちのなかには、クレジットカードを上手《じょうず》に使いこなしている人もいるし、それで豊かになっているんだよね。一人さんがクレジットカードを持っていないからって、お弟子さんも使っていないのかというと、そういうわけじゃない。

資産運用も節約も、自分に合う方法を自分で探すのが一番ですよ。

みんなが喜びながらお金を使えば世界は豊かになる

一人さんへの質問

一人さんの言葉に、「商人とは愛を回すもの」というのがあります。

これはどういう意味でしょうか？

一人さんの回答

たとえば、あなたは居酒屋さんを経営しているとします。

そうするとあなたは、酒屋さんやスーパー（八百屋さん、肉屋さん、魚屋さんかもしれないけど）、容器屋さん（ビンや袋、段ボールなど）、配送業者の人たちをはじめ、農家や漁師、銀行なんかも支えているんだよね。

居酒屋さんが材料を買うお店や、その材料を入れている袋や箱、材料を運んできてくれる人たち、材料をつくってくれている人たち、お金の預け先……といった、居酒屋さんに関連する人たちにお金が回る。

で、その人たちは、あなたの支払ったお金で生計を立てます。

おいしいものを食べたり、洋服を買ったり、家賃を払ったり、車を買ったり、子どもを学校へ行かせたり、家族旅行をしたりね。

そのお金がまた別の誰かを支え、さらにまた違う誰かを支え……と続いていく。

お客さんに喜ばれるサービスやモノを売って、もらったお金を銀行へ預けたら、銀行が別の人にお金を貸しつけて、そのお金が世の中をぐるぐる回ります。

お金が循環することで世の中の経済は支えられているし、その先には国の経済もある。みんなが喜びながらお金を使うことで、国も豊かになっていくんだよ。

それがさらに、世界の経済を豊かにしていくの。

あなたが楽しくお金を使うことで、世界はつくられている。

お金って、悪者扱いされることもあるんだよね。

だけど本当は、人も国も、世界も幸せにすることができる「愛」なんだよ。

一人さんは、その愛をどんどん回すのが商人だと思っているし、世界を愛で包むのが商人の仕事だと思っているんだ。

50万円のバッグはあなたのためにある（笑）

一人さんへの質問　ブランド名がついていなければ数万円で買えるバッグが、ブランド名がついたとたんに50万円、１００万円という値段がつきます。こうした現実を見るとモノの価値がわからなくなるのですが、うまく理解できる考え方はあるでしょうか？

一人さんの回答　1つ1万円のバッグもあれば、シャネルのような高級ブランドでは、1つ50万円のバッグだってふつうに売っています。そこには、値段の差が50倍もある。

確かに素材の違いやなんかはあるだろうけど、さすがに50倍も価格差があると、なにがどう違うのかわからないかもしれないよね。

どうしてこういった差があるのかというと、あなたの収入が、いまの50倍になったときのためにあるんです。

あなたの収入が50倍になったからって、1万円のバッグを50個持って歩くことはできないよね（笑）。そうなったときに、50万円のバッグがあってよかったなぁと思うんです。

同じようなものなのに、値段が安いものから高いものまでいろいろあるのは、あなたのために用意されているんだ。

……というのは、もちろん笑い話ですからね（笑）。

真剣に考えず、楽しく笑って読んで下さい。

信じやすい人は販売員に向いているよ

一人さんへの質問　モノやサービスを、「私だったら100％満足させられます」と自信満々で販売している人を見ると、つい信用して買ってしまいます。

でもその後、やっぱり買わなければよかったと後悔することも……。

モノやサービスを買うときは、どんな点に注意すると後悔が少ないでしょうか？

一人さんの回答　あなたは、モノやサービスのいいところがよく見えて、「これはいいものだ」って信じやすいからすぐ買っちゃうんだよね。

こういう信じやすいタイプの人って、実は販売員に向いているんです。

商品を販売するときは、まず自分が「これはいいものだ」と信じていなければ説得力もないし、商品の魅力だって伝わりません。うまく説明できなければ、誰も商品を買ってくれないよね。

だから、あなたは販売員の適性がすごくあると思います。

その個性を活《い》かせる仕事を探してみるといいかもしれないね。あなただったら、きっと素晴らしい販売員になれるよ。

で、**買い物をするときには、自分が販売員になったつもりで商品を見てごらん。**

その商品やサービスはどんな人に向いているのか、一番のウリはなにか、マイナスポイントがあるとしたらどこか……そんなふうに、販売員の視点で観察してみるの。

販売員は、マイナスポイントまで全部ひっくるめて、商品の特徴を理解してなきゃいけないからね。

そんな意識が持てたら、雰囲気《ふんいき》に流されず、賢い買い物ができるかもしれませんよ。

チャンスを引き寄せるのはやっぱり明るい笑顔

一人さんへの質問　自営業ですが、会社がうまくいかず倒産しました。なんとかまたがんばりたいと思いつつも、どう自分を奮《ふる》い立たせたらいいかわかりません。
沈んだ心を軽くする方法はあるでしょうか？

一人さんの回答　チャンスがくれば、誰だって奮い立つことができるんだよね。
じゃあ、そのチャンスが巡《めぐ》ってくるようにするにはどうしたらいいかと言うと、まずはあなたが明るい笑顔になることだよ。

暗い顔で悩んでばかりいても、まずチャンスはこない。

暗い波動を出している人のところには、暗い波動を持った人や現象しか集まらないからね。

チャンスって、明るくて幸せな波動なんです。

だったら、あなたもチャンスと同じ、明るく幸せな波動を出してごらん。

自然とあなたのところにいい人が集まるようになるし、その人たちからチャンスがもらえるはずだよ。

考えてみな。あなただって、明るい顔をしている人には「あぁ、この人は負けてないな」って応援したくなるでしょ？

それと同じように、あなたの周りにいる人も、あなたがめげずに明るい顔をしていると、応援したくなるんだ。チャンスをあげたいと思ってくれるよ。

ウソだと思ったら、明るく笑ってみな。絶対、人生変わってくるから。

包丁も魂もガリガリ削られて磨かれるんだ

一人さんへの質問　お金の問題を抱えており、少しずつ状況はよくなっているように見えますが、なかなか解決とまではいかず苦しいです。少しずつでもよくなっているのなら、この先は明るいでしょうか？

一人さんの回答　包丁って、つくったばかりのときは刃が歪《ゆが》んでいたり、ギザギザになってたりするの。そういうのを、まずは「荒砥《あらと》」と呼ばれる、粗《あら》い砥石《といし》で研《と》いでいきます。ガリガリ削りながら、ざっとならすんだよね。

それが終わると、次は「中砥《なかと》」という、荒砥よりきめの細かい砥石で磨きます。で、最後は「仕上げ砥」という微細《びさい》な砥石で刃の表面をツルツルに磨き上げ、切れ味をよくする。

包丁ってガリガリ削るからこそ磨かれていいものができるんだ。

この流れが、実はすごく人生と似ていて。

魂が未熟なときは、起きる出来事がいちいち大問題に感じるの。

まだ問題解決するための知恵がないから、ちょっとしたトラブルや障害があるだけで、それこそ大変な目に遭《あ》っちゃうんだよね。

だけど、**迷ったり失敗したりしながらちょっとずつ問題を解決していくうちに、だんだん知恵がついてくる。**

荒砥みたいな問題でガリガリ削られるうち、ちょっと魂が研がれるの。

そうすると些細《ささい》なことでは転ばなくなり、次はもう少しハードルの高い問題が出てくる。でもね、すでにいくぶん知恵がついているから、前ほどつらくはない。中砥レベルなんだよね。

で、さらに中砥で磨かれると、ほとんどの問題は解決できるようになっちゃうの。

その先は仕上げ砥の域に入るから、生きることが本当に楽になる。魂をより成長させるために、ツルツルに磨き上げられるだけなんです。

これになぞらえると、あなたはいま荒砥か中砥にいると思うんだけど、少しはよくなっていると思えるのなら、それは確実に研ぎ進んでいるということだよ。

もがきのなかで、間違いなくあなたの魂は成長している。

そう思って安心しな。

悩みはどんどん小さくなっていくよ。

本気の「欲しい！」はお金を引き寄せる原動力

一人さんへの質問

どうしても欲しいものがあります。しかし、それを買えるだけの経済的なゆとりがありません。
こういう場合は、いまの自分にはそれが必要ないからでしょうか？

一人さんの回答　必要ないから買えないわけじゃないの。お金がないから買えないだけだよ。

ただ、あなたが「ゆとりがなくて買えない」と思っているのは、どうしても欲しいとまでは思っていない。ということは言えると思います。

絶対に欲しいものだったら、お金に余裕がないとしても、なんとか手に入れる方法を考えるはずだからね。誰かにお金を借りてでも、分割払いをしてでも買う。

それを、**高いから買うのをやめるとか、妥協して安いものを買うというのは、別にそれがなくても支障《ししょう》がないんだよ。簡単にあきらめられる程度なの。**

一人さんは、基本的に借金はしない方がいいという考えだけど、どうしても欲しいものを、自分で返済できる範囲内で借金するのならダメとは思いません。

好きなものを手に入れるための借金って、「早く返済して、次はあれを買うぞ！」っていうやる気につながるものだからね。

そういう、計画性のある明るい借金なら、お金を稼ぐための知恵も湧《わ》いてくると思うし、ガンガン仕事をしてサッと返済できちゃうの。あるいは、自分にうんと魅力をつけることで、パートナーに欲しいものを買ってもらえるようになるとかね。

本気の「欲しい！」は、それくらいお金を引き寄せる原動力になるんだ。

早起きしようと昼に起きようといいことはあるよ

一人さんへの質問

一人さんは、早朝からドライブに出かけることが多いと聞きました。

昔から「早起きは三文の徳」と言われるように、やはり早起きをして出かけると、いいことがたくさんありますか？

一人さんの回答

まず、この質問には間違いがあるので訂正しますね。

一人さんは、たいていお昼近くなってから出かけます（笑）。そんなに早起きもしていない（笑）。

という前提で、一人さんが言える範囲でお答えしますね。

はじめに、早起きは三文の徳があるかどうかという問題ですが。

これは、人によって違うと思います。

いつも早起きをしている人は、「早起きをするといいことがあるよ」って、早起きをすすめるの。

だけど、世の中には夜働いている人だってたくさんいるんです。夜働いているから、早起きはできない。

じゃあそういう人はいいことがないのかっていうと、夜はパート代が高かったりして、いいことがあるんだよね。

いいことって人によって違うから、こういうことは一概に言えないの。

あなたが早起きが得意なら、早起きは三文の徳だと思って早起きをしたらいい。

でも、早起きが苦手《にがて》な人にそれを押しつける必要はないし、早起きができない人にもいいことはある。

なんでも自分に都合よく受け取って、自分に都合よく生きたらいいんだよ。

それが一番、いいことが得られる道だと思います。

モノを大事にするのは貧乏性じゃないんです

一人さんへの質問　私は貧乏性で、モノが捨てられません。また、質よりも値段が気になり、安いものばかり買うクセがあります。もっと豊かになるには、この貧乏性を直した方がいいでしょうか？

一人さんの回答　一人さんの話をすると、自分の気に入ったものは値段に関係なく大切にするんです。100円ショップで買ったものだろうと、1万円するものだろうと、気に入ったものは大事にして何年でも使う。

高いという理由だけでいいものだとは思わないし、いくら安くても、気に入らないものは買いません。だけど、安くてもいいものはいっぱいあるんだよね。

そういう感覚の私からすると、モノが捨てられないことのなにが悪いのか、よくわからないんです。

むしろ、それは褒《ほ》めるところじゃないかな。

モノが捨てられないのは、モノを大事にしている証拠だよ。なのに、なぜそんなに自分にダメ出しするんだい？


モノが捨てられないのは、貧乏性とは関係ありません。

自分を貧乏性だと決めつけて悪く言うより、

「私はモノを大事にする、優しい性格だなぁ」

って自分を認めてあげな。褒めてあげな。


あなたが豊かになれないのは、安いものを買うせいでもないし、モノを捨てられないせいでもない。自分を褒めてないからだよ。

自分を「偉いなぁ」「優しいなぁ」って肯定《こうてい》してあげてください。

そうすれば、間違いなく豊かな道へ進めるよ。

お金の問題じゃない。相性《あいしょう》の問題だよ

一人さんへの質問　外食をしたとき、私は値段に関係なく好きなものを食べたいのに、パートナーは値段を気にして安いものばかり注文します。

私が高いものを選んでも文句を言われるわけではありませんが、パートナーがあまりにも安いものしか食べないので、私も気が引けてつい安いものを選んでしまいます。そのせいで、外食があまり楽しくなくなってしまいました。

どうすれば、パートナーと楽しく食事ができるようになりますか？

一人さんの回答　それは、お金の問題じゃないんです。パートナーとの相性《あいしょう》が悪いの。そんなに些細なことが気になるということは、相性の問題なんだよね。

たぶん、あなたが相手に感じている問題は、これだけじゃないはずだよ。

もっといろんなことに不満を感じているから、たとえ外食が気持ちよくできるようになったとしても、それはそれでまた別の文句が出てくる。

そういう相手と一緒にいても、気になることだらけで、不快感ばかり増していくと思います。

というわけで、その相手とはもう別れた方がいいと思います（笑）。**愚痴《ぐち》や文句を言い続けるくらいなら、別れちゃう方がお互いのためだよ。**

男も女も、星の数ほどいる。別れたって、すぐにいい人が見つかると思います。**無理して合わない人と一緒にいるより、自由になった方がいいよね。**

ということも、解決策のひとつだと思ってごらん。いっそ離婚してやると覚悟を決めたら、なぜかうまくいくかもしれないしね。

ちなみに、これは一人さんの場合なのですが。

私も、あなたのパートナーと同じように安いものが好きなんです。

天ぷらうどんよりたぬきうどんの方がいいし、高級な魚よりもイカやタコの方が好き。マグロにしても、トロより赤身の方がうまいと思うしね。

だから、お鮨屋《すしや》さんなんかに行っても、必然的に一番安いのになる（笑）。「並・上・特上」だったら「並」だし、「松竹梅」なら「梅」（笑）。

別に、意図して安いものを選んでいるわけじゃないよ。一人さんの好きなものがたまたま安いだけで、値段に関係なく、自分が食べたいものを食べているだけ。

でもね、そういう一人さんと一緒に食事をすると楽しいって、仲間はみんな言ってくれるんです。毎日でも、一人さんとご飯を食べに行きたいって。

それはね、やっぱり小さな気遣《きづか》いだと思うんです。

一人さんが一番安いものを注文しちゃったら、みんなは遠慮して好きなものを食べられなくなるかもしれない。だから、私はいつもみんなが注文し終わって、最後に「これください」って言うの。

そうすると、みんなも私も自由に好きなものを食べられるでしょ?

たいした気遣いじゃないよ。一人さんも、別に意識しているわけじゃない。

だけど、**このささやかな気遣いができるかどうかで人の魅力は違ってくるんじゃないかな。と一人さんは思っています。**

神様はうるさいババアじゃありません（笑）

一人さんへの質問　お正月、暇《ひま》だったので元日から掃除や洗濯をがんばりました。ところがその後、こんな話を聞いてショックを受けたのです。

「1月1日に大掃除や大量の洗濯をすると、せっかくきてくださった神様を追い出すことになる」

こういう昔からの決まりごとは、やはり守るべきでしょうか？

うっかり間違えただけでも、幸せを逃《のが》してしまいますか？

一人さんの回答　確かにそういう言い伝えがあります。

でもね、**お正月に掃除や洗濯をしちゃいけないというのは、昔の人の愛**だったの。

昔は、いまみたいに便利な家電がありませんでした。掃除機もなければ、洗濯機もない。炊飯器《すいはんき》もコンロもない。

家事をするのに、いちいち手間や時間がかかっていたんです。大変だったの。だから1年のうち、せめてお正月くらいは奥さんやお手伝いさんをゆっくり休ませてあげようっていう思いやりで、「お正月に掃除や洗濯をすると神様を追い出すことになる」と言ったんです。

愛から生まれた言い伝えなんだよね。

いまの日本人を見てもわかると思うけど、この国の人たちって、ただ「休みな」って言うだけじゃ遠慮して休まないんだよ。昔の人はもっとその傾向が強かったから、強制的に休ませるくらいじゃなきゃ、なんだかんだ働いちゃうの。

だから、「神様を追い出すことになるよ」って脅《おど》しのように言うことで、みんなが休みやすくなるようにしたわけです。

つまり、お正月に掃除や洗濯をしたからって、本当に神様が逃げていくわけじゃない（笑）。

そもそも、神様はきれいなところが大好きだから、掃除や洗濯をすればむしろ喜んでくれると思いますよ。

あと、神様ってあなたが想像できないくらい、懐《ふところ》の深い人なんです。

万物《ばんぶつ》を創造した神様が、いちいち細かいことにケチつけるわけがないし、そんな暇でもない（笑）。近所のうるさババアじゃないんだから（笑）。

神様って、優しいよ。

お正月だろうがなんだろうが、安心して家事をしてください。もちろん、ゆっくり休んでもいいしね。

どっちでも、あなたの好きにしたらいいんだ。

ダイソン級の吸引力で、人もお金もごっそり吸い寄せる！

柴村恵美子

私が18歳のとき、一人さんから「あのさ、〝心を豊かにする会〟というのを結成したんだけど、恵美子さんも入らないかい？」って誘われたんですね。

正直、どんな会かわかりませんでしたが、一人さんが誘ってくれるならと二つ返事で入会。その後で「何人くらいの会なの？」って聞いたら、「恵美子さんだけだよ」って（笑）。もう大爆笑。

これが、私が一人さんの一番弟子になった経緯《いきさつ》なのですが、その当初から一貫して一人さんが言い続けているのは、

「魅力をつけな。魅力があれば、必ず人生はうまくいくから」

という言葉。それを信じ、私はひたすら一人さんの教えを守って魅力を磨き続けてきました。途中、たくさんの仲間が一人さんの弟子として加わりましたが、みんなそれぞれに自分らしい魅力をつけていったんですよね。

そうしたら、本当に一人さんの言う通り全員が億万長者になれたし、周りにはいい人しかいなくなった。

そんな一人さん、最近またまたバージョンアップしまして。

「魅力ってね、ダイソン級の吸引力がなきゃダメだぞ」

そう言うんです（笑）。

ダイソンっていう、吸引力がウリの掃除機がありますね。一人さんは、あれくらいの吸引力を持つ魅力をつけなきゃダメだぞって言うわけです（笑）。

自分の魅力が大きくなれば、それだけ自分のことを好きになってくれる人が多くなりますよね。そうすれば人が人を呼んで、どんどんいい人に恵まれるし、そのぶんチャンスだって増える。

魅力って、磨けば磨くほど吸引力が強くなるんです。

どうせだったらハンパな魅力じゃなくて、ダイソン級の魅力をつけようよ！

魅力を炸裂《さくれつ》させて、人もお金もごっそり吸い寄せようよ！

そんな、一人さんの楽しいエールです。

魅力をつける一番のコツは、負の気に引っ張られないようにすること。

どんなメゲそうなことが起きても、負のことを考える暇があったら上気元《じょうきげん》（一人さんは上機嫌のことをこう書きます）。

自分で自分の機嫌を取るために、常に楽しいことを考えます。

たとえば一人さんの場合、いつも頭のなかでジョークばかり飛ばしていて。

女性が顔のシワを気にしていたら、「デザインがいいね」って褒める（笑）。

みんなでドライブをしているとき、年配の女性が田んぼ道を歩いていると「あれはナンパ待ちだな」（笑）。

おじさんがポツンと1人でいると、「（誰もいないのに）この人モテてるなぁ」（笑）。

一人さんの頭のなかでは、どんなお笑いにも負けない面白いストーリーが展開されているようです（笑）。一瞬一瞬が、楽しい妄想《もうそう》であふれている。

だから、その延長線上で人を楽しませるのなんて、わけないんですよね。

これが本物の魅力。もちろんダイソン級です（笑）。

みなさんも、うんと魅力を磨いて、ガンガン吸引力を上げてくださいね！

お師匠さんからの「おわりに」

また一歩、成功脳に近づけましたね。
あなたの魂がピカピカに磨かれて、輝いているよ。
その光で、世の中を明るく照らしてください。

さいとうひとり

人生が豊かで楽しくなる♪
柴村恵美子社長の公式Webコンテンツ!

柴村恵美子 You Tube

Emiko Shibamura
WAKU WAKUちゃんねる

恵美子社長の最新動画を続々配信中!
最新情報はコチラをチェック!!

大絶賛配信中!

柴村恵美子公式メールマガジン

神が味方する成功の道

あの大人気のメルマガが待望の復活!!
https://emikoshibamura.ai/ja/mail-maga

登録・購読料無料!!

柴村恵美子 LINE公式アカウント

恵美子社長とLINEで
お友だちになろう!
QRコードでカンタンに
登録できます!

登録無料!

柴村恵美子 公式ブログ

写真満載!

一人さんの言葉や
イベントレポートなどをお届け!
https://ameblo.jp/tuiteru-emiko/

「柴村恵美子」
で検索!

ひとりさんとお弟子さんたちのブログについて

斎藤一人オフィシャルブログ

https://ameblo.jp/saitou-hitori-official
一人さんが毎日あなたのために、ついてる言葉を、日替わりで載せてくれています。ぜひ、遊びにきてください。

斎藤一人公式ツイッター

https://twitter.com/O4Wr8uAizHerEWj

お弟子さんたちのブログ

舛岡はなゑさんのブログ	https://ameblo.jp/tsuki-4978/
みっちゃん先生のブログ	https://ameblo.jp/genbu-m4900/
宮本真由美さんのブログ	https://ameblo.jp/mm4900/
千葉純一さんのブログ	https://ameblo.jp/chiba4900/
宇野信行さんのブログ	https://ameblo.jp/nobuyuki4499/
尾形幸弘さんのブログ	https://ameblo.jp/mukarayu-ogata/

楽しいお知らせ

無料

ひとりさんファンなら
一生に一度はやってみたい

「八《はち》大《だい》龍《りゅう》王《おう》参り」

ハンコを10個集める楽しいお参りです。
10個集めるのに約７分でできます。

場所：ひとりさんファンクラブ
東京都葛飾区新小岩 1-54-5
（ＪＲ新小岩駅南口アーケード街徒歩3分）

電話：03-3654-4949
年中無休（朝10時～夜７時）

無料

商売繁盛　健康祈願　合格祈願　就職祈願　恋愛祈願　金運祈願

「楽しい九字切り」は各地のまるかんの
お店でも、無料で教えてくれますよ。

〈著者略歴〉

斎藤一人（さいとう　ひとり）

実業家、「銀座まるかん」（日本漢方研究所）の創業者。

1993年以来、毎年、全国高額納税者番付（総合）6位以内にただ1人連続ランクインし、2003年には累計納税額で日本一になる。土地売却や株式公開などによる高額納税者が多いなか、納税額はすべて事業所得によるものという異色の存在として注目されている。

主な著書に、『斎藤一人　楽しんだ人だけが成功する』『「気前よく」の奇跡』『斎藤一人　人は考え方が9割！』（以上、ＰＨＰ研究所）、『強運』『人生に成功したい人が読む本』『知らないと損する不思議な話』『人生が楽しくなる「因果の法則」』『絶対、よくなる！［令和パワーアップ版］』（以上、ＰＨＰ文庫）、『斎藤一人　絶対、なんとかなる！』『斎藤一人　俺の人生』（以上、マキノ出版）、『お金の真理』（サンマーク出版）などがある。その他、多数の著書がすべてベストセラーになっている。

柴村恵美子（しばむら　えみこ）

Emiko Shibamura

銀座まるかん柴村グループ代表。納税日本一の事業家で著述家でもある斎藤一人さんの一番弟子。講演家、著述家。

18歳のときに一人さんと出会い、一人さんの肯定的かつ魅力的な考え方に共感し、一番弟子になる。全国高額納税者番付で、一人さんが1位になったときに、自身も全国86位の快挙を果たす。現在に至るまで一人さんの楽しくて豊かになる教えを自ら実践かつ普及している。

主な著書に『斎藤一人　昇り龍に乗る！』（マキノ出版）、『斎藤一人　必ず成功する例外思考』（KADOKAWA）、『斎藤一人　天が味方する「引き寄せの法則」』『斎藤一人　上気元《じょうきげん》』『斎藤一人　人は考え方が9割！』（以上、ＰＨＰ研究所）、『斎藤一人　天も応援する「お金を引き寄せる法則」』（ＰＨＰエディターズ・グループ）などがある。「引き寄せシリーズ」は累計40万部を突破した。

斎藤一人　成功は愛が９割！

2021年７月13日　第１版第１刷発行

著　　者	斎　藤　一　人 柴　村　恵　美　子
発行者	後　藤　淳　一
発行所	株式会社ＰＨＰ研究所

東京本部　〒135-8137　江東区豊洲5-6-52
第二制作部　☎03-3520-9619（編集）
普及部　☎03-3520-9630（販売）
京都本部　〒601-8411　京都市南区西九条北ノ内町11

PHP INTERFACE　https://www.php.co.jp/

組　　版	朝日メディアインターナショナル株式会社
印刷所	大日本印刷株式会社
製本所	東京美術紙工協業組合

ISBN978-4-569-84985-0

PHPの本

斎藤一人　楽しんだ人だけが成功する

斎藤一人 著

当代きっての実業家が、何があっても成功する生き方を伝授。「自分を大切にして人生を楽しむと、想像以上の未来が手に入る！」

定価　本体一、四〇〇円（税別）

PHPの本

斎藤一人　上気元《じょうきげん》

「強運」に引き寄せられる習慣

柴村恵美子　著

何があっても上気元な人には想像以上のツイてることが起こる！　たった一度の人生を思いっきり楽しんで、大成功する習慣！

定価　本体一、四〇〇円（税別）

PHPの本

「気前よく」の奇跡

斎藤一人 著

「気前よく生きてごらん。神さまがご褒美をくれるから」――いまのままで、いますぐ幸せになっていいことがやってくる魔法の法則を伝授。

定価 本体一、四〇〇円（税別）

PHPの本

斎藤一人 あなたに奇跡が起こる不思議な話

柴村恵美子 著

「『人の悪口を言わないことに挑戦する』と、神様が一気に味方する」など、魂が浄化されて人生が好転する、不思議なお話の数々を紹介。

定価 本体一、〇〇〇円（税別）

PHPの本

図解 斎藤一人 大富豪が教える読むだけで、強運になれる本

斎藤一人 著

累積納税額日本一の実業家、斎藤一人さんが紹介する「強運」の法則。読めば誰でも、一生強運が続くようになる一冊。

定価 本体八〇〇円（税別）

PHPの本

図解 斎藤一人 天が味方する「引き寄せの法則」

柴村恵美子 著

「毎日を『楽しい気持ちで生きる』と決める」など、誰でも簡単に実践できて、2時間で人生が激変するすごい方法を図解でやさしく解説！

定価 本体八五〇円（税別）

PHPの本

斎藤一人　人は考え方が9割！

絶対いいことが起こる!!

斎藤一人／柴村恵美子 著

日本一の大商人に聞いてみよう！　明るく豊かで楽しい人生になる秘密とは？　常識を覆して人生を大逆転させる知恵を凝縮した1冊！

定価　本体一、四〇〇円（税別）